Levantando consciencias

Carolina Salazar Araujo

EDIQUID

LEVANTANDO CONSCIENCIAS

Editado por: Editorial Ígneo, C.A.
para su sello editorial Ediquid
Caracas, Venezuela
Primera edición, octubre, 2022

ISBN: 978-980-436-045-9
Depósito legal: DC2022001373
Tiraje: 50 ejemplares

www.grupoigneo.com
Correo electrónico: contacto@grupoigneo.com
Facebook: Grupo Ígneo | Twitter: @editorialigneo | Instagram: @grupoigneo

Diseño de portada: Susana Santos
Corrección: Fabián Coelho Castro
Diagramación: Gerardo Hernández B.

Colección: Nuevas Voces

Contenido

La obra está escrita con el fin de levantar la conciencia de los individuos y ciudadanos en cuanto a lo rutinario, para el rescate y uso de los valores, la cultura, las relaciones entre personas y las normas de convivencia social; y también para fortalecer nuestros principios y despertar y engrandecer nuestro amor hacia el prójimo, como único camino al avance de las civilizaciones.

Agradezco a Dios por permitirme culminar esta obra,por ser mi inspiración en cada verso que escribo.

Agradezco a mis hijos, familiares y lectores, que me motivan a seguir escribiendo.

Espero en Dios que *Levantando conciencias* sea bien recibido por muchos lectores y que a través de él veamos otra perspectiva de nuestra forma de actuar como personas y como sociedad.

A mis hijos, Darrell y Josuel.
A mis padres, Octavio y Antonina.
Y a mis sobrinos, Josuel y Elvis.

Aunque te vistas de seda, las críticas te llegan

A mí las críticas nunca me han interesado,
y menos cuando lo que tengo es bien ganado.
Siempre vienen de gente insatisfecha,
egoísta, envidiosa y perversa, sin izquierda, ni derecha.

Las mismas perspectivas que ellas se debe tener
y aun así critican, por *hobby* y por joder.

Las críticas no me preocupan,
pues peores que yo hay muchas,
con imagen de santas y de señoras,
pero bien que tienen lo suyo, aunque jodan.

Quien se preocupa por las críticas,
vive una vida de apariencias
para no ser señalado ni mencionado,
pero ni así se escapa de ser bien criticado.

A Octavio

Hombre fuerte y decido,
de carácter fuerte y definido,
así era mi papá
quien, con sus hijos, ya no está.

El día en que sus ojos para siempre se cerraron,
fue un momento de tristeza y de dolor.
Ver partir a un ser amado
es algo para lo que no se está preparado.
Es triste ver cómo se va quien tanto amor ha dado.

La muerte solo se llevó su cuerpo,
que fue del que nos despedimos.
Por sus consejos y recuerdos,
presente lo sentimos.

La tristeza embarga mi ser
cada vez que en él pienso.
De lágrimas se llenan mis ojos
porque mi mente es el lienzo
en donde está plasmada su imagen.

Ahora, mi papá vive en el Cielo
y es mi luz celestial,
y, desde allá arriba,
siempre me va a iluminar.

Para lo que importa

Si se presta atención de lo que se llega a decir,
nos vamos a enojar y también a deprimir.
Es mejor dejar que hablen e ignorar,
juntarse mucho aceite
para que todo llegue a resbalar.

Lo que digan los demás
no debe para nada preocupar,
ya que cada quien lo hace
basado en su verdad.

Los comentarios y chismes hirientes
jamás podrán ser más fuertes que el viento y la corriente,
y, aunque ambos azotan con mucha fuerza,
bajan la intensidad cuando baja la tormenta.

Es mejor no hacer caso y dejar pasar,
que las palabras que salen de la boca no llegan a matar,
pero, si nos dejamos por ellas arrastrar,
allí sí lo que digan nos va a aniquilar.

Salir con la cara fresca,
aun sabiendo que los demás comentan,
es demostrar claramente despreocupación,
ya que nadie paga impuestos por decir de otros lo peor.

Cuando el viento sopla, hay que dejarlo pasar

Causa coraje e indignación
que no digan las cosas de frente y tal como son.
Lo dicen con agallas más adelante,
ya que hablar de frente, eso no lo hacen los cobardes.

De todas maneras, nos enteramos,
puesto que siempre habrá quien traicione.
Todo lo que se dice a la espalda
llega de frente sin tapones.

Y peor es la sensación
de sentirnos verbalmente atacados.
El saber que dicen cada barbaridad,
eso nos hace sentir enojados.

De quien menos se espera
es quien propicia la mala información.
Y participa esparciendo el virus
quien de su lengua no tiene ningún control.

Más vale ignorar
lo que a la espalda se llega a comentar,
ya que, lo que no llega de frente,
llega contaminando la verdad.

Abstinencia

Andamos con las exigencias para comer.
Que no me gusta esto, ni lo otro, ni aquello,
mientras que hay otros que mueren
por lo que desperdiciamos o no queremos.

La dicha y la satisfacción
de estar alimentados
es algo para agradecer
y sentirnos afortunados.

Botar o despreciar la comida
nos debe doler en lo más profundo,
ya que hay muchos muriendo de hambre
al rededor del mundo.

La situación, cada vez más, empeora,
y la escasez está llegando a nivel mundial.
Llegarán tiempos difíciles
en donde lo que desperdiciamos, lo vamos a necesitar.

Mientras algunos tenemos en exceso, mucho o poco,
otros sufren y padecen por nada tener,
ni alimentos al alcance,
ni agua potable para beber.

No comer por gusto o por capricho
y no comer por nada al alcance tener
son situaciones muy distintas,
en donde unos no comen porque no quieren
y otros porque no tienen para comer.

No siempre es así

Feliz cumpleaños,
cumpleaños feliz,
te deseamos todos,
te deseamos a ti.

Las situaciones cambian
y no siempre son así.
No todos tienen
un cumpleaños feliz.

Los que en ese día enferman
o les fallece un familiar;
a los que embarga la tristeza
o lo pasan en la cama de un hospital.

En soledad, muchos los cumplen
sin que los lleguen a felicitar,
y hay otros a quienes, aunque vivan acompañados,
sus parejas, familiares y amigos, los llegan a olvidar.

Feliz cumpleaños
para quien se nos adelantó,
para quien fue parte de nuestras vidas
y nos olvidó.

Un año más se cumple,
y es un día normal.
La diferencia la hace el festejo
o la tristeza, que llega a embargar.

Acuerdos de garantía

Toda comunidad
vive bajo un código moral,
y, cuando este se rompe,
cruza la línea entre el bien y el mal.

Nos abstenemos de cometer malas acciones
repudiadas por la sociedad.
Poseemos una conciencia
que nos permite nuestras acciones determinar.

Dentro de las sociedades,
hay normas y valores que cumplir
para vivir en armonía,
sin tener que, en las mismas, infringir.

Los derechos e ideas de cada uno
se deben respetar;
es una norma puesta por la sociedad
que debe ser cumplida
para vivir en completa paz.

El código moral no debe romperse;
es el hilo que da equilibrio a la sociedad,
es lo que nivela lo correcto con lo incorrecto
y nos permite ser un individuo racional.

Mujer que peca

Mujer que peca es aquella
que le aguanta a su marido
maltratos, insultos y groserías,
llenando su vida de tristezas y amarguras,
mientras él vive su día a día con plenitud y alegría.

Mujer que peca es aquella
que decide quedarse sola por una decepción,
por un hombre que no valió la pena,
que no mostró por ella ningún valor.

Mujer que peca es aquella
que dice «no quiero que su papá le dé nada a mi hijo.
soy suficiente mujer para velar por él.
Soy mujer, no mujercita.
Y, de su papá, mi hijo no necesita».

Mujer que peca es aquella que aguanta
de su marido infidelidad,
por conchuda, por cabrona o por comodidad,
por miedo a quedar sola o por no trabajar.

Mujer que peca es aquella
que siente que su vida no tiene ningún valor.

Vestido de gala

¿Cómo va vestida?
Elegante y fina, por cuestiones de la vida.

¿Cómo es su comportamiento?
Es apreciada y admirada, en todo momento.

¿Se sabe dirigir y comunicar?
Más que nada, se da a respetar.

¿Puede tomar decisiones en cualquier situación?
Lo hace inteligentemente, sin perder el control.

¿Se sabe bien expresar?
Las palabras que salen de su boca llegan a encantar.

¿Es culta y refinada?
Es todo un caballero, es toda una dama.

Así es una persona vestida de valores,
con su actitud gana todos los premios y los galardones.
Tiene la mejor educación,
aunque haya sido poca su preparación.

La nueva generación

Así viene la nueva manera de protestar:
desde la casa, a través de un teléfono celular,
de todo lo ocurrido nos acabamos por enterar,
y es allí cuando empezamos a opinar.

No se hace nada
para la situación acabar,
y es que esa es la nueva modalidad
que ha llevado a los políticos a abusar.

Al frente de la batalla nadie quiere salir.
Para qué hacerlo y manifestarnos,
si desde mi teléfono celular
puedo bien con todo acabar.

Si aparecen grupos o asociaciones
que salen a las calles para sus problemas manifestar,
los demás permanecen aislados y solo es criticar.
Luchando se han ganado muchas batallas,
pero, desde un teléfono, nada se va a ganar.

Hay países en ruinas
y economías por el suelo,
pero desde mi teléfono comento, sin que me importe un bledo.
En la lucha de algunos, así yo coopero.

Que se nos caiga el mundo encima,
pero a las calles no salimos.
Para qué salir a manifestarnos,
si desde el celular podemos bien quejarnos.

Todos los problemas de hoy día
se arreglan a través de las redes sociales,
alejados de la realidad y viviendo afectados,
comentamos, damos like, y todo solucionado.

Hoy día se dan más los abusos
porque no hay lucha ni unidad.
Nos adaptamos a lo que nos conviene o beneficia.
Y así el país cada vez se hunde más.

Así vive la nueva generación;
sin espíritu de lucha.
Piensan que, a través de las redes sociales,
sus voces se escuchan.

Como los buitres

Aves carroñeras,
inconformes y peleoneras;
quieren comerse al muerto entero
y con su cara fresca miran lejos.

Aves de rapiña,
no quieren compartir ni un poco,
ya que sacan provecho hasta de las morrinas,
si dan migajas a alguien, les parece todo.

Se aprovechan del parentesco
para herencias reclamar,
y son tan ambiciosas
que con todo se quieren quedar.

Deniegan a sus familiares
y todo lo hacen de forma legal
aunque después sean despreciados.
Prefieren cambiar a la familia por un triste real.

Desgarrada

Desgarrada, como una corriente de agua subterránea, escucho mi sangre por dentro correr. Desgarrada me siento por dentro, llena de vacío, tristeza e impotencia, sin poder nada hacer.

Desgarrador es el dolor que envuelve mis entrañas y que, como fuertes punzadas, siento en todo mi ser. Sentir en mi pecho la opresión y cortarse el aire al respirar.

Desgarradora es la triste escena, cuando entre llantos y tanto dolor, llegas a gritar.

Desgarrada es la piel que, al no sentir dolor alguno, con las uñas la quieres arrancar.

Desgarrada y desgastada la vida, al no sentir motivos ni razones por los cuales luchar.

Desgarrador es ahogar el llanto como un nudo en la garganta, es tragarse el dolor al no poder dejarlo salir.

Desgarrador es no encontrar motivo alguno por el cual existir.

La mano en el fuego

Confiar a ciegas en una persona
es una gran equivocación.
Nadie es la sombra de otro
ni lo conoce a la perfección.

No idealices a nadie
solo por su forma de actuar.
Hay personas astutas y convenencieras;
que sabiamente saben fingir,
aparentan ser de una manera
y silenciosamente pueden destruir.

No cometas el error
de meter la mano en el fuego por nadie
porque, tarde o temprano,
sin dudas te arde.

Nosotros mismos no sabemos
hasta dónde somos capaces de llegar.
Actuamos según las circunstancias
y nos sorprendemos de lo que podemos lograr

En la soledad

Cuando tienes dinero,
llueven las mujeres y los amigos por montón.
Te hacen sentir y te sientes importante
porque gastas a manos llenas, sin reparación.

Compras y tienes todo lo que quieres
aunque no lo necesites.
Solo quieres impresionar,
y hacer sentir que en este mundo existes.

Las mujeres muestran amor
y saben muy bien fingirlo.
Tan grande e importante te sientes,
que a tu alrededor todos lo dicen, pero no quieres oírlo.

Sea cual sea la razón
por la cual el dinero se acaba,
allí es que viene lo bueno
porque todos te dieron la espalda.

Las mujeres fácilmente se alejan
y los amigos ya dejan de existir.
Quedas completamente solo,
y, con un poco de suerte, algún familiar se ocupa de ti.

Golpea la dura soledad,
te obliga a aceptar
que como persona no valías nada,
que solo era lo material.
Te das cuenta entonces de que Dios es lo único real.

Distorsión

Los términos son mal utilizados
cuando a un concepto nos queremos referir,
utilizamos palabras impropias
y en el significado solemos diferir.

Si nos proyectamos correctamente
con un léxico enriquecido,
nos entenderemos perfectamente
sin desvíos o malos entendidos.

Nadie es padre y madre de los hijos,
eso es algo imposible en la creación.
Se asumen ambos roles, que es distinto,
a qué seas tú sola la encargada de la concepción.

Ninguna persona es de plata.
No por tener dinero quiere decir que de ese material lo sea.
Somos todos de carne y hueso,
y no por tener plata diferente a ti lo veas.

Se está unido o casado.
Ese estado debe saberse definir.
Se está en una relación libre
o casado por la Iglesia o lo civil.

Hombre de campo

El hombre que trabaja la tierra
sabe más de ella que uno que haya estudiado,
porque con sus propias manos
él la ha trabajado.

El hombre que trabaja la tierra
sabe en qué tiempo sembrar,
porque, desde chico,
la aprendió a trabajar.

El hombre que trabaja la tierra
no sabe de química ni de biología;
sin embargo,
conoce más de práctica que de teoría.

El hombre que trabaja la tierra
empuña con sus propias manos el machete,
se las llena de cortadas y ampollas,
y sigue trabajando porque es un hombre fuerte.

El hombre que trabaja la tierra
no será un estudiado,
pero, con su trabajo,
deja a cualquiera por debajo.

El hombre que trabaja la tierra
sabe de aves, porcinos y ganados;
conoce todo de los campos,
a pesar de no haber estudiado.

Mujer confiada

Hay mujeres que se fían
del amor y la atención que les brindan sus maridos.
Ellos las aman con pasión,
y ellas los tienen mal atendidos.

Hombre que lo das todo por tu mujer,
eso ella no lo valora,
se siente tan segura de ti,
que después llora cuando la abandonas.

Mujer, no seas confiada.
Si tienes a un hombre bueno, ocúpate de él,
ya que, de los pocos que quedan,
uno está con contigo.

A la deriva

Cuando el hombre no tiene nada,
solo está con su mujer.
Cuando consigue plata o un buen trabajo,
todas lo llegan a querer.

Se ha sabido de muchos casos
de mujeres que ayudan a sus maridos a subir,
y, cuando están bien acomodados,
de sus hogares llegan a salir.

Hay mujeres buenas,
otras muy interesadas,
y hombres tan pendejos
que dejan a la buena por la vaga.

En mis zapatos

No juzgues al prójimo
sin conocer su caminar.
Ponte primero sus zapatos
y después podrás hablar.

Nadie conoce la carga que lleva otro,
ni el porqué de su actuar.
Juzgar es tan sencillo,
difícil es su carga poder llevar.

La carga de cada persona es distinta
y cada uno la sabrá llevar.
Si en el caminar se cae o ensucia de lodo
solo uno sabrá si parar o continuar con su andar.

Los motivos de cada quien hay que mirar
y así, con la boca bien cerrada, se podrá opinar.

Con los miedos, penas y risas,
solo tú podrás aplaudirte o juzgarte.
Nadie puede hablar de lo que no sabe,
y mucho menos criticarte.

Círculo vicioso

No hay gobierno bueno.
Cada uno llega por conveniencia.
Todos comen en la misma mesa,
todos buscan la supervivencia.

Hay gobiernos que sus naciones descuidan
para ellos poder darse una gran vida.
Algunos toman el control total
y otros los tienen a la deriva.

Gobernantes ineptos y engreídos,
que no se detienen a pensar en los actos cometidos;
piensan siempre poder engañar
y con el pueblo jugar.

Se hacen los aéreos
para no dar explicaciones,
mientras sus bolsillos llenan
de millones a montones.

Todo tiene un final,
nada dura para siempre.
Para seguir en el poder
solo tienen que seguir engañando a la gente.

Las personas se cansan,
ningún sueño es eterno,
y miran con decepción
cómo actúa cada gobierno.

Desvío de atención

La vida debe ser vivida
y cada quien, a su manera.
No se debe criticar la vida de nadie
que cada quien la viva como quiera.

La vida es individual y no colectiva.
Cada quien vive como quiere y como lo decida.
Después que no cause daño con su proceder,
no debe importar lo que los demás quieran hacer.

Fíjate en la viga de tus ojos.
Mira después la paja en el ojo ajeno.
Deja vivir a los demás, atiende lo tuyo primero:
es un gran dicho, una gran verdad.
Porque hay acciones que causan malestar.

No tires piedras si tu ventana también es de vidrio.
Mantente firme en lo tuyo, no pierdas el equilibrio.
De la vida ajena no te debes preocupar.
Mejor ponte a leer un libro.

Cómo dueles, idioma mío

Al interactuar con algunas personas,
preocupa la manera como escriben.
¿Será por desconocimiento
o lo hacen como lo perciben?

Al omitir, añadir, suplantar letras o palabras,
distorsionan la información.
Al cometer tantas faltas ortográficas,
aún es peor la situación.

Ay, cómo dueles, idioma mío.
Qué forma de escribir, qué barbaridad.
Espanta ver esos jeroglíficos.
Es algo incomprensible, esa es la verdad.
Y continúan matando al idioma
sin hacer nada por mejorar.

Habiendo tantas formas
de mejorar la escritura,
con la tecnología que tenemos
es más fácil, sin duda.

Pleonasmos, dislexia y disgrafia,
todo a su máxima expresión.
Y muchas personas estudiadas
lo hacen por seguir al montón.

Hablar y escribir correctamente
es la mejor carta de presentación.
Complace escuchar buenas expresiones,
y, al chatear, prestas más atención.

Proyecciones

Oscura es la luna
y brillante es el sol.
Mas ella se alumbra y da luz
con su resplandor.

Así son algunas personas,
que a través de otros llegan a brillar,
y, sin tener luz propia,
gran impacto tienden a causar.

Sobresalen con un falso resplandor,
llegando así a alcanzar la cima,
mas la luz que llegan a proyectar
es de quien los ilumina.

Algunos son oportunistas
y esa luz llegan a robar,
haciéndose grandes
con un falso iluminar.

El poder que tiene el sol
no necesita presumirlo,
pues, tan grande es su luz,
que, sin tocarlo, puedes sentirlo.

Lo pequeño y lo opaco
también llega a resaltar.
A través de otros
llegan a brillar.

La luz que tienen algunas personas
no siempre la llegan aprovechar,
pues no le dan importancia
y permiten que otros la logren robar.

Pandemia
Enfermedad física o moral.

En noviembre de dos mil diecinueve
se escuchó una alerta mundial
sobre un virus que llegaba
y del que nos teníamos que cuidar.

Al principio, se sintió temor
y todo el mundo se cuidaba.
Las personas en cuarentena,
y el virus, afuera, golpeaba.

Depresión y soledad causaba el encierro.
La cuarentena infinita se veía,
mientras a algunos no les afectaba,
otros pensaban en qué comerían.

El planeta se purificó
y los animales de sus cautiverios salían.
Era todo alarmante,
casi todo el mundo temía.

La muerte se mostró cara a cara,
con algunos que la pudieron librar.
Muchas afecciones, después del contagio,
las personas empezaron a mostrar.

El transporte público
y la continuidad laboral
eran conductos fáciles
para el contagio aumentar.

Los doctores y enfermeras
con el virus, cara a cara, se veían.
Muchos fueron contagiados,
y la batalla, contra él, perdieron.

Mucha fue la discriminación
por aquellos que lo dieron todo.
Cansados y agotados,
continuaban, no había otro modo.

Las fiestas y parrandas no paraban.
La gente empezó a enloquecer.
El virus, a pesar de seguir azotando,
a muchos no les importaba,
ya vivían con él.

Familias unidas y otras separadas.
Se hicieron evidentes los abusos en el hogar.
Tanto tiempo llevó el encierro
que no fue nada fácil de soportar.
Muchos a casa sus trabajos se tuvieron que llevar.

La pandemia mostró muchas señales
que la humanidad prefirió ignorar.
Aprendizajes que cayeron en sacos rotos.
Actuaban como si el mundo se fuera a acabar.
Muchos mostraron el lado oscuro, mostraron el mal.

Se acabó el distanciamiento
y la falta de responsabilidad.
A muchos no les importaba el contagio,
actuaban con toda normalidad.

Por años se logró mucho,
y se perdió todo en un instante.
Nadie tiene la vida comprada,
dar gracias a Dios es lo importante.

Negocios, casas, trabajos y prosperidades.
Todo fue golpeado como por un huracán.
No dejó rastro de lo que con seguridad se tenía.
La pandemia se llevó mucho al pasar.

No valió dinero
que pudiera la vida salvar,
pues, cuando el contagio golpeaba,
se valoró mucho el poder respirar.

Nadie se imaginó
la vida con la pandemia perder.
Trabajos, jugosos salarios,
pudieron, prontamente, desaparecer.

La pandemia dejó en el mundo
dolor, luto, desempleo y miseria.
Mucha inhumanidad. Fue cosa seria.
Todo fue por beneficio, también un negociado.
Hubo muchas muertes y millones de afectados.

Son estrategias de los gobiernos
para mantenernos encerrados.
Entre teorías y suposiciones,
hay millones enterrados.

Senderos de oscuridad

Nos asombramos por las cosas que suceden,
decimos que el mundo está al revés;
a lo bueno se le ve como malo,
y lo malo, bueno se ve.

Todo cambia drásticamente,
cada generación trae algo diferente.
Lo que antes no se veía,
con toda naturalidad se acepta hoy día.

Serán los avances de la ciencia,
o simplemente la tecnología.
Lo cierto es que cada vez es más notorio
el desamor y la falta de empatía.

Muchas son las cosas que han cambiado.
El amor de muchos se ha enfriado
llevando con eso a un mundo de caos y dolor
en donde no se practica la paz ni el perdón.

Se acabó el temor y la compasión.
Cada persona sigue su propio rumbo y dirección.
El amor hacia el prójimo se ha apagado.
Todo es normal y fácilmente aceptado.
Con indiferencia se mira a quien con dolor está al lado.

Tal vez peores tiempos vendrán.
Por lo que está escrito en la Biblia,
por las predicciones del hombre,
y por el aumento del odio y la envidia.

Padre Nuestro

Fuente de luz y vida,
ser celestial, superior,
es el Padre Nuestro,
es el Padre Creador.

Quien duda de su existencia,
duda de la misma vida.
Existen teorías científicas,
pero él se hace presente en la divina.

Presencia divina es,
todo lo hecho por él es perfecto.
Con tan solo poder admirar
en el vientre la vida en un feto.

Existe un solo Dios,
aunque existan muchas sectas y religiones.
Las doctrinas solo traen
confusiones y divisiones.

Dios nos dejó su palabra
para una vida en él llevar,
nos mostró claramente el camino,
es de cada quien el saber interpretar.

Por religión, no se debe discutir,
ya que Dios es fuente de vida, no doctrina.
Cristianos somos los que en él creemos
y los que agradecemos las bendiciones recibidas.

Con la fe, no se debe lucrar.
No es permitido, es pecado mortal.
Jesucristo nos dio a conocer al Padre
y es deber de cristianos evangelizar.

No busques comprender su existencia.
Su presencia física no podrás ver,
solo se debe en él creer.
Fácilmente se puede sentir,
sin que los ojos se tengan que abrir,
en el perfume de una flor al oler,
en la bendición de un nuevo amanecer,
al sentir la suave brisa en el rostro,
al escuchar los murmullos del mar.
Cuando se ven los árboles frondosos
y se escuchan los pájaros cantar,
cuando los rayos del sol al ocultarse
forman un contraste natural,
cuando cae la fuerte lluvia
y se escucha que la misma puede hablar
en la inocencia de un niño,
y en el canto de un gallo que nos hace despertar,
estas son algunas maravillas
que hacen su presencia mostrar.
De su existencia no se debe dudar.

Mujer bonita

Mujer bonita es aquella
que atrae con su personalidad;
es la que, despierto, pone a un hombre a soñar,
y, con solo imaginarla, lo hace suspirar.

Mujer bonita es aquella
conservadora y tradicional
que no necesita mostrar su cuerpo
para poder cautivar.

Mujer bonita es aquella
culta y atractiva,
es niña y es mujer,
no es vanidosa ni engreída.

Mujer bonita es aquella
que no se deja cautivar por el dinero.
Para ella no es importante lo material;
está el valor del ser humano primero.

Mujer bonita es aquella
que con su sonrisa enamora,
quien despierta pasiones
con solo ser linda y encantadora.

Mujer bonita,
es aquella entaconada
que se come el mundo entero
y no se detiene ante nada.

Mujer bonita,
es aquella educada,
que impacta a todos
y no baja ante nadie la mirada.

Mujer bonita es aquella
que en su rostro muestra todas las facetas;
no se sabe si está feliz, enojada o contenta.

Ley de vida
(Todo pasa)

«Juventud, divino tesoro...»,
es una frase que escuchamos,
también una etapa
por la que todos pasamos.

No hay que correr a comerse el mundo,
ya que todo a su tiempo llegará.
Actuar con sensatez y dirección
hará madurar con responsabilidad.

Piensan los jóvenes que, por su edad, son inmortales,
y que el tiempo no pasará.
Al sufrir el síndrome de Peter Pan
en el país de Nunca Jamás.

Jóvenes fuimos todos.
Los errores siempre se han cometido.
No se debe actuar sin cordura.
También la juventud usa los sentidos.

Cada época trae más desvalorización,
y la juventud cada vez está más perdida.
Si continúan actuando sin tomar dirección,
no le verán ningún sentido a sus vidas.

Aprovechados

Hay veces que, en la vida, hay que ser duros
y no tener compasión.
Así se evitan decepciones
y mucho tropezón.

Personas que abusan
de la bondad y generosidad
Creyéndonos pendejos,
abusan sin parar
y creen que de sus intenciones no nos podemos percatar.

De la confianza que se les brinda
se empiezan a aprovechar,
queriendo cargar a otros sus problemas.
Con halagos y un falso cariño, empiezan adular.

De la malicia no se está lejos,
pero las buenas acciones las suelen empañar,
y ellos, siendo unos vividores,
piensan que nos pueden engañar.

Hay que ser malos, pero sin el afán de dañar.
Las buenas acciones hacia el prójimo nunca deben acabar.
No hay que permitir que abusen y que causen mal.
Hay que demostrar ser buenos y que también se puede pensar.

Alas rotas

Algún día los hijos crecerán
y te arrepentirás de no haber tomado decisiones.
No vivir feliz al lado de tu pareja
te causa muchas frustraciones.

No te detengas a mirar
en lo que los demás van a pensar
o en lo que mañana pueda pasar,
o que tal vez la vida te lo hará pagar.
La felicidad se la brinda uno mismo
con las decisiones que se lleguen a tomar,
y, si se llega a fracasar, también es lógico y es normal.

No permitas que los años pasen
sintiéndote infeliz.
Los sacrificios no deben estar por encima de uno mismo
a no ser para vivir.

Nunca es tarde para empezar,
así sea sola o con alguien más.
No pienses en la felicidad de quien contigo está.
Verás que, cuando los pájaros dejen el nido, te arrepentirás.

Tus alas están rotas,
pero aún te queda por caminar.
Si sola no puedes alzar el vuelo,
habrá quien te ayude a despegar.

Vive la vida como te plazca,
pero buscando siempre tu felicidad.
Dormir al lado de quien no amas
es un sacrificio que nadie va a valorar,
y lo único que logras es el llanto poder ahogar.

Dulce llorar

A la que le sobra, no lo valora;
a la que le hace falta, lo añora.
Así de triste es la realidad
que lastimosamente hay que aceptar.

Nunca se está conforme con nada.
Siempre se buscan pretextos para justificar
que cuando se tiene lo que se desea
no lo saben apreciar.

La que tiene su media naranja
no le presta atención, ni lo sabe aprovechar.
Y a la que les falta su complemento
no les llega quien la haga suspirar.

La voluptuosa, superdotada,
se encuentra más que nada un poco frustrada,
mientras que la menos afortunada
se acompleja, porque se ve sin nada.

Algunas se llegan a quitar,
y otras a aumentar.
La mujer busca belleza por vanidad,
por insegura, por inconformidad.

Que viva la vida

Bendita la lluvia.
Bendito el sol.
Bendita la vida.
Y bendito el amor.

Bendita la persona
que llega a este mundo para hacer el bien,
que brinda sin interés su ayuda,
y que da amor también.

Bendito y alabado Dios
para aquellos que en él creen,
que sin oír escuchan,
y sin mirar ven.

Solo los robots

Desde pequeño,
se le dice a un niño que no debe llorar,
enseñándole así a reprimir sus sentimientos
y sus emociones ocultar.

Muchos son criados con ese esquema,
y, como un chip, la información grabada llega a quedar.
Algunos crecen machistas
y otros sin sensibilidad mostrar.

Claro que los hombres también lloran,
por algo sienten emociones y tienen un sistema lagrimal.
Es muy falsa la teoría
de que los hombres no deben llorar.

Suele suceder

Cuando una persona nos decepciona
y queremos empezar a olvidar,
lo primero que debemos hacer
para ese proceso iniciar

es dejar el sentimentalismo
y empezar todo lo malo a recordar;
de todo lo que nos hizo
y de cómo nos llegó a tratar;

de cómo no éramos felices,
y de vivir entre vergüenzas y amarguras;
de cómo, por su mal actuar,
nos salieron prontamente las canas y las arrugas.

Si recordamos los buenos momentos,
mucho nos costará olvidar.
A todo lo malo es mejor quererse aferrar,
para, con ese proceso, prontamente terminar.

La vecina

A Rosalba

Mujer de hoy día
es digna de apreciar,
con valores, metas y alegrías
se la voy a presentar.

Glamour, elegancia y estilo,
proyecta su presencia.
Con solo mirarla te das cuenta
de que tiene virtud y paciencia.

Con solo mirar su caminar,
tan hermosa y atractiva,
mujer que enamora,
que encanta y cautiva.

Mujer que emana amor y ternura.
Su seguridad es su mejor perfil.
Sabe llegar elegantemente,
y, de la misma manera, sabe partir.

Esa es mi vecina.
Tenerla es una gran fortuna.
Como ella, ninguna.
Esa es la vecina, la que tengo yo.

Despertar

¿Para qué estudiar
si no me dan oportunidad
para que pueda trabajar?

¿Para qué estudiar
si la política y el narcotráfico
mejor pueden pagar.

Estas y muchas más razones escuchamos
para los estudios abandonar.
Todo es color de rosa
cuando aún la vida no llega a golpear.

Cuando se despierta de la fantasía
y se empieza a vivir de la realidad,
allí se comprende toda la importancia
del porqué se debe estudiar.

No solo se estudia por un trabajo;
se debe hacer para en la pobreza no vivir,
para engrandecer a la patria,
y con conocimientos nuestra vida dirigir.

El mensual

El primer periodo para una niña
es algo nuevo y alarmante.
Dejar atrás una etapa
no debe ser para nada preocupante.

Ya es toda una señorita.
Se convirtió en mujer.
A ese gran cambio no se le debe temer.
No debe haber preocupación si desde temprano hay orientación.

Cuando se está en la edad de la concepción,
es una alegría verlo, es una satisfacción;
ya que es la etapa de tener hijos
y se espera con mucha emoción.

Cuando se cree que se terminó de concebir,
se baja la guardia y se deja de preocupar,
y, cuando por unos días se llega a atrasar,
la angustia y el desespero empiezan a llegar.

Cuando se está en la madurez
el verlo causa enojo y malestar,
pues es una gran molestia,
ya que al humor lo llega a cambiar.

Cuando por fin llega la menopausia,
trae con ella la tranquilidad,
terminan las incomodidades,
se vive con más libertad.

Virtud o tragedia

Emprendedora es la persona
que no tiene limitaciones,
que traza bien sus metas,
tiene proyecciones y visiones.

La vida no es dura,
está puesta para cualquiera,
solo es pararse firme
y tomarla a como se quiera.

Hay que vivirla a como venga,
y no dejarse dominar.
Emprender y salir adelante,
es la mejor forma de ganar.

La vida es una realidad
en la que se viene a luchar.
Se gana y se pierde,
pero más que a perder es a ganar.

La vida viene con los problemas incluidos,
por tal razón se le llama vida.
Ser optimista y emprendedor
es la mejor manera de vivirla.

Estúpido fui

Tuve una buena mujer
y no la supe querer.
Tuve una buena compañera
y la cambié por una cualquiera.

Ella solo vivía para complacerme,
y a la vez me hacía feliz.
No valoré su cariño
Y me porté como un infeliz.

Hoy la suerte no me acompaña,
ya que no encuentro a nadie como ella.
Entre la tristeza y la soledad,
me toca vivir sin mi dama bella.

El amor y el cariño
que me brindó mi reina
para mí era poco
porque no valoré tenerla.

Hoy vivo para complacer a otras,
cuando ella solo lo hacía para mí
Hoy anhelo esos momentos
aunque sé que esa dicha no la volveré a vivir.

Envenenados

Envenenada hay que tener el alma
para llegar a odiar,
tener una vida llena de frustraciones y amarguras
y no saber cómo afrontar.

El odio es el antónimo del amor.
Ambos son sentimientos sinceros y profundos.
El primero lleva a vivir sin paz,
y el segundo le da sentido al mundo.

El odio es un sentimiento abstracto,
así como muchas cosas en la vida.
Nace alimentado por razones
y se aloja en quien con amargura viva.

Una mente ocupada
solo tiene cabida para cosas positivas;
no tiene tiempo para abrigar malos sentimientos,
guardar rencores o cosas negativas.

Una persona que llega a sentir odio
se dice que tiene el corazón negro,
ya que es capaz de hacer cualquier mal
e indiferente llegarse a mostrar,
y, detrás de una sonrisa, bien lo sabrá disfrazar.

Es tormentoso vivir así

La mujer que aguanta infidelidad
queda bastante frustrada y amargada,
criticando y odiando en cualquier oportunidad,
prefiere vivir engañada a aceptar su realidad.

Tener un marido infiel
no es para nada obligatorio
ni se tiene para aparentar
y muchos menos para pelear.
El miedo que tiene ella a dejarlo,
a las críticas, al qué dirán,
es lo que la hace engañarse
y la situación aguantar.
Prefiere mil veces la humillación
que dejarlo y volver a intentar,
o, simplemente, vivir sola, en completa libertad.

La infidelidad no se justifica por ningún motivo.
No pierdas la cordura y menos los estribos
por mantener una familia unida o por miedo a abandonar.
El pilar de toda relación es el respeto
y, de allí, lo demás se puede sobrellevar.

Mi ángel de luz

A Coockie

Hoy has dejado de ser mi madre
y te has convertido en una luz espiritual
que, adonde vaya o esté, la siento
y le trae calma a mi crisis existencial.

No cabe duda de que tu partida no podré superar.
Llena está mi mente de tus recuerdos y cada vez son más.
Mas miro a mi alrededor y en ti pienso,
y tu solo nombre me trae mucha paz.

Hoy que ya no estás
y que el brillo de tus ojos no puedo mirar,
me invade la nostalgia,
me golpea fuerte la soledad.
Mas tranquiliza pensar
que te has convertido en mi ángel guardián
para, de mí, siempre cuidar.

Ángel de luz, que mi camino iluminas.
Rayo potente de sol que me guía para no perderme.
Ayer fuiste carne y hoy eres esencia.
Desde donde estás me cuidas y siento muy cerca tu presencia.

Ángel sin alas, vestido de blanco, mi ángel guardián.
Cierro los ojos y te siento mi cuerpo acariciar,
mas sé que no es el viento
porque siento cómo mi piel llegas a tocar.

Eres el ángel que me cuida,
desde que nací hasta el final,
y, a pesar de que hoy estás ausente,
tu luz siempre me va a iluminar.

No siento miedo alguno
ni al recordarte tristeza,
mas lo imposible sería que de mi vida no te fueras
y que tu eterna presencia por siempre conmigo estuviera.

Libertad

Etapas de la vida
que afronta una mujer
cuando deja la soltería.
Vida propia deja de tener.

Es hija, madre y esposa.
Trabaja fuera y dentro del hogar.
Deja de tener libertades
para sus roles ocupar.

La vida y las libertades son diferentes,
y no se acondicionan con el hogar.
¿Quién dice que, por tener responsabilidades,
la vida como persona se tiene que acabar?

Del tiempo con las amigas,
de los paseos hay que disfrutar;
de escuchar una música relajante
en un agradable lugar.

Al hombre, nada lo limita,
aunque esté casado, continúa su vida normal.
Sale del trabajo y se sienta a comer,
y, si lo invitan los amigos, tranquilo se va a beber.
Si la mujer hace lo mismo, el conflicto en el hogar acaba por llegar.

A nadie hay que acostumbrar
a que la mujer, como persona, no tenga vida propia,
y que sea la esclava del lugar.
Desde que se inicia toda relación,
todo bien claro se debe dejar.

El tiempo que no se vive
no se llega a recuperar.
Ninguna relación dice
que la vida de una mujer termina en el hogar.

Desagradecido

El hombre quiere a los hijos
mientras está con la mujer.
Cuando de ella se separa,
también se aleja de él.

Algunos abandonan a los suyos
para criar a los hijastros.
Para ellos, tiene más valor la mujer
y, antes de ser padres, prefieren ser padrastros.

La responsabilidad evaden,
algunos solo pasan manutención,
mientras en el hogar donde viven
prestan toda su atención.

Algunos no les importa
y le cargan todo a la mamá.
Ella sin recursos o sin trabajar
tiene que ver cómo a sus hijos alimentar.

Pobre de aquellos que piensan
que una mujer es más importante que los hijos.
Al final, muchos terminan solos,
enfermos y abatidos.

Hijos que crecen con resentimientos
hacia esa figura paternal,
y padres que, con arrepentimiento, a sus hijos empiezan a buscar
para ese amor recuperar,
pero lo que no se siembra jamás se puede cosechar.

Es allí donde entra el karma o el castigo celestial,
por haber causado tristeza, haber hecho mal.
Donde todos cuestionan
la falta de responsabilidad,
el no agradecer a Dios y a la vida
por los hijos de quienes no quisieron cuidar.

Como la moneda

No juegues a ser bueno
y a todos querer complacer;
eso trae conflictos y problemas
y nadie te lo va a agradecer.

Para ser buenos en la vida,
hay que saberlo manejar.
Si quieres quedar bien con algunos,
con otros mal vas a quedar.

Las cosas se hacen bien
o no se deben hacer,
ya que hacer siempre lo correcto
trae satisfacción y placer.

Se actúa de frente y con responsabilidad,
y no, al mismo tiempo, las dos caras se deben mostrar.
Evita quedar atrapado en tus propias redes
porque, al querer salir, más te vas a enredar.

Así es la querida

Mujeres sumisas y agradecidas,
que les sirven con dedicación y voluntad a sus maridos.
Mientras ellos no les dan ningún valor,
ellas les sirven hasta tenerlos complacidos.

Se sienten satisfechas y felices
y sonríen complacidas.
El servirles a hombres que creen merecerlo
es su proyecto de vida.

Les sirven con cuerpo, alma y espíritu.
Su estado emocional depende de él,
pues no les importa que, por ellas, él haga lo mismo.
Lo esencial es poderlo complacer.

Aun siendo adúlteros,
tienen la suerte de por ambas ser bien atendidos,
mientras que las dos compiten,
él vive feliz de lo más tranquilo.

Antes las queridas,
sabían su lugar y agarraban su esquina.
Hoy quieren pelear y ponerse a la par, creyéndose las esposas.
Ambas compiten y se llegan a odiar,
mientras que él feliz con las dos está.

Entre las dos se pelean,
mientras que a él lo tienen en un altar
Quién entiende a las mujeres
si es con él con quien deben pelear.

Para los mirones

Hombre, si estás casado
valora mucho a tu mujer.
No todas aman
como la tuya lo sabe hacer.

No salgas a la calle
a buscar lo que no se te ha perdido.
No mires lo que no te pertenece,
tal vez también sea algo prohibido.

Por querer hacer la jugada,
quedarás metido en una grave situación.
Si estás con tu pareja, debe ser por amor.
Entonces respeta y no seas traidor.

No todas aman sinceramente.
Tal vez habrá quien te acepte por conveniencia.
Perder a tu pareja por algo pasajero
traerá al final muchas consecuencias.

El túnel

Cuando una mujer se casa,
espera de su marido lo mejor.
Lo peor es cuando se da cuenta
de que él es un abusador.
Y la decepción es tan grande
cuando nota que dejó atrás mucha ilusión.

Se encuentra en un mundo perdido
y sus temores no la dejan escapar.
Cuando empiezan a llegar los hijos,
su situación empieza aceptar.

Un abusador se alimenta
de los miedos de su víctima.
Sobre ella ejerce control
y su mal temperamento la hace vivir con temor.

Se aferra a ella y no la deja ir,
y no porque amor por ella sienta,
sino porque es dominante y posesivo,
controlador, violento y agresivo.
Sus maltratos no tienen límites y son excesivos.
Las humillaciones y gritos son frecuentes.
Eso lo hace a solas o frente a la gente.

La mantiene encerrada
para tenerla como esclava,
y le hace creer
que ella no vale nada.

De su dominio se siente confiado
y los alcances de ella él subestima.
Cuando del túnel quiere salir,
es a él a quien lastima.

Maestro (Virtud y paciencia)

Ser abnegado,
así es el educador.
Inspirado en el gran maestro
quien hizo la labor con amor y honor.

Un maestro es inspiración.
Siempre ofrece lo mejor.
Ser educador no es cuestión de salario.
Se trata de vocación,
de seguir firmemente los pasos
de Jesús, Nuestro Señor.

La sociedad mal agradecida
no da valor a su labor,
y él se siente satisfecho
de formar con amor.

La ternura de los niños
es su mejor motivación.
Para encender en él ese gran motor
y seguir formando con paciencia y amor.

Un maestro en la escuela
ejerce todas las funciones.
Ironía de la vida,
ya que prepara para todas las profesiones.

Maestro es la luz que guía.
En el salón de clases toma un lugar especial.
El estudiante identifica al maestro,
con quien en el hogar le brinda más atención y afecto.

Educar es una ardua y dura labor,
es el mejor de todos los trabajos.
La mejor recompensa para el educador
es ver a niños hechos, hombres bien formados.

Quien duda de la labor de un educador
es porque no ha vivido la experiencia
de trabajar con esmero y amor.

Se dice que maestro y profesor
es un solo educador.
Formar con amor y paciencia
es su única razón.

Sus protestas y huelgas
han sido frecuentes y masivas
para mejorar la educación
y su calidad de vida.

La educación es el nivel más alto
para que un país pueda progresar.
Sin ella no hay avance. Si falta,
la pobreza llega aumentar.
La economía y mejor calidad de vida se llegan a estancar.

Dejad que los niños vengan a mí,
dijo Jesús, Nuestro Señor.
De allí se inspira el buen maestro,
para enseñar con virtud, esmero y amor.

Como piedra en el zapato

Para criticar estamos al día;
para ayudar, lo hacemos si algo nos hemos de ganar.
Para meternos en la vida ajena,
ahí no nos tienen que llamar.

Para lo malo y prohibido, estamos atentos,
allí somos voluntarios y vamos libres sin lamentos;
para hacer lo correcto, necesitamos mucha presión,
hacemos algunas buenas acciones, las que nos parezcan mejor.

Vivimos acelerados por el ritmo de la vida,
y nos ocupamos de la vida de otros sin ninguna razón o cabida.
Si tan solo fuera para hacer el bien,
pero se hace con tan solo el fin de pensar que es un oficio el querer joder.

Hacer el bien ocupa mucho tiempo,
y conlleva tener mucha responsabilidad.
Es más fácil hacerlo valer haciendo el mal,
ya que eso engrandece la forma de actuar.

Criticar y calumniar,
pensamos, es la mejor forma de ayudar a la sociedad avanzar.
Destruyendo a los demás, cual guerra en plena paz.
Con frecuencia, a quienes se destruye, no nos llegan a importar.

Para saber los problemas o vida de otros,
detectives e investigadores nos volvemos,
ya que, como sea, la información se debe buscar.
Lo que se tenga que hacer, se hace, mas con la intriga no nos llagamos a quedar.

Si nadie es perfecto,
¿por qué criticar las acciones de los demás?
Observar y callar
es la mejor manera de ayudar.

¡Ay!

Mi familia está siendo afectada.
A muchos hemos perdido
con diferencia de tiempo,
pero este parece no haber transcurrido.

Nos ha embargado el dolor y la tristeza
con las muertes repentinas.
Las que no se esperan,
y caen como agua helada encima.

Los padres no están preparados
para enterrar a los hijos,
y los hijos no superan
a sus padres haber perdido.

Qué triste realidad
a la que nos enfrentamos.
Pasar por un dolor inmenso,
no es fácil el aceptarlo.

El tiempo no se puede detener,
y en él congelarnos.
Lo natural es vivir para morir,
pero el proceso no es fácil superarlo.

Realidad subalterna

No canalizar las emociones
causadas por los problemas que nos trae la vida.
En vez de confrontarlos y superarlos,
se prefiere callarlos y tragarlos.

Enloquecer por los problemas no enfrentar
es la vía fácil que algunos toman para continuar.
Ignorarlos y tratar de hacerlos desaparecer,
viviendo una realidad subalterna,
dándole importancia a cosas que no son de interés.

No canalizar las emociones
hace de algunos egoístas y altaneros.
Inconscientemente, lleva a algunos a enloquecer,
jodiéndole la vida a otros y dejando la suya caer.

Volverse paranoicos y desquiciados,
tragarse los problemas y fingir que nada ha pasado,
desahogando las penas, haciéndose para otros insoportables;
provocar situaciones por maldad y cometer actos irreparables.

Seguir adelante con una tranquilidad fingida,
para ocultar las penas y depresión que les controla la vida.
Sin motivos y sin razón, querer a todos atacar
imaginando que todos en su contra están.

Comportarse normal
para no aceptar la realidad,
esconderse en una pantalla superficial,
dañar más su mente y con la tranquilidad de otros querer acabar.

Necesidad de unos, consuelo de otros

Quien tiene necesidad
trabaja por lo que le han de pagar.
Quien se baña en dignidad,
no necesita su trabajo regalar.

La necesidad hace perder el orgullo
y de lo que sea trabajar.
Peor es aguantar hambre,
en espera del trabajo ideal.

El hambre y las necesidades no tienen espera.
No todos tienen quien los mantenga
Hay quienes tienen la dicha de un salario escoger
y otros que desean el mínimo tener.

En ocasiones, los títulos no llegan a valer.
Hay salarios que solo suben
si manifestaciones y paros llega a haber,
y otros que ganan mucho sin títulos ni experiencia tener.

Las necesidades de cada persona no se comparan.
Si poco o mucho se gana,
la necesidad de tener un trabajo nos iguala.

Coexistir

La vida sigue muy a pesar del dolor.
Quien de este mundo parte
se va y perdemos toda conexión.
Mas, quienes quedamos, seguimos viviendo
al mismo ritmo, solo varía la condición.

Con dolor y con tristeza,
con depresión, con y sin amor.
La vida continúa
aunque se haya perdido a quien, sentimos, fue nuestro motor.

La vida no se detiene,
solo para quien de este mundo partió.
Seguimos en la cotidianidad normal
cargando a cuesta el dolor
que nos recuerda que lo físico murió
y que, con el tiempo, sigue intacto el amor.

Quienes se van, dejan el corazón desecho
de quienes los amaron sin condición y con sinceridad.
Quienes quedamos, vivimos en un vacío,
donde, aunque haya mucha luz, solo se percibe oscuridad.

Aunque acompañe mucha gente
se siente vivir en soledad.
No existen momentos perfectos
para, en un instante, llorar y pensar.

Como un tren descarrilado
o como caracol al andar,
así continúa la vida
de quienes nos llegamos a quedar.

La vida no se detiene,
no da pausas ni treguas.
Se continúa con las avenencias,
con lo que se perdió y con lo que se tiene.

Triste es la estancia,
triste es la realidad,
aunque sea arrastrando la cobija,
con los problemas y tristezas, la vida debe continuar.

Desconsolados

Cuando tenemos a alguien querido en la vida,
se debe amar y procurar,
y ese amor y cariño,
se debe demostrar.

No hay que esperar a perderlos
para darnos cuenta de que era grande y especial.
Llegar a sentir remordimientos y sentirse mal,
y que, el vacío que deja, nadie lo va a llenar.

No debe gastarse el tiempo en peleas.
Los malos entendidos se deben arreglar,
puesto que si la persona parte de repente,
hasta lo más profundo el dolor nos va a llegar.

Para arrepentimientos, no hay oportunidad.
Solo cuando se está vivo, esa situación se puede dar.
No hay que alejarse de quien se quiere,
porque no se sabe en qué momento su partida llegue.

Dolorosa es la partida repentina
de quien se ama de verdad.
Aunque se esté enojado,
de esa persona no se debe alejar.
Puede llegar la triste noticia de que ya no vuelve más.

Que la molestia sea superficial,
y a esa persona no dejar de procurar,
porque desgarra la culpa y el remordimiento
de que, en sus últimos días, con ella no se pudo estar.

Estar al pendiente de las necesidades de los que amamos,
sean afectivas o materiales,
ya que, cuando partan, no les hará falta nada
de este mundo terrenal.

Hablemos de frente

¿Para qué engañar,
para qué mentir,
si más temprano que tarde,
todo se llega a descubrir?

¿Para qué inventar
y disfrazar,
si es mejor enfrentar la realidad,
y con la verdad siempre andar?

La mentira no tiene sentido,
es un arma de doble filo.
Con la misma se puede atacar
y también llegarse a lastimar.

Por la verdad, murió Cristo,
y así debe siempre ser,
porque, aunque duela,
la misma debe siempre prevalecer.

Quien es capaz de defender la verdad
está lleno de virtud y valentía.
Quien calla para no asumir o dañar
está bien dotado de hipocresía.

No hay mentiras a medias
ni mentiras piadosas.
Mentira es mentira,
y no es otra cosa.

Quien miente sin control,
pensando a otros engañar,
queda sumergido en un mundo surreal.
Sin la realidad saber diferenciar,
se llega a creer sus propias mentiras,
pensando que otros igual lo harán.

Rotación

La tierra gira alrededor de ellos

Un ególatra es un ser egoísta
a quien le gusta ser el centro de atención.
Para él no existe más nadie.
Se cree lo más importante de la creación.

Se coloca en todos los tiempos,
tanto en singular como en plural.
Es la perfección hecha persona.
Ocupa el primer y último lugar.

Siempre habla de sus cualidades
y sus habilidades hace resaltar.
Es el mejor en todo lo que hace.
No hay nada que no pueda enfrentar.

Discute las verdades de otros
para sentirse importante
Él lo hace y puede todo.
Así continúa sintiéndose el interesante.

Es obvio que ese tipo de personas
tiene un gran problema y no sabe de humildad.
Molesta tenerlos dentro de los círculos,
ya que de sí mismos solo sabe hablar.

Desigualdad

Se trabaja sin equidad
para dar camino a la desigualdad.
Un empleo y hasta los salarios
se dan por política o amistad.

Hemos visto la desigualdad
lastimar los sentimientos,
ignorar necesidades,
sin razón ni argumentos.

La igualdad no es nivelar.
Se trata de que todos tengamos lo mismo por igual.
De que seamos respetados
y ocupemos el mismo lugar.

Lo justo ya no es importante.
Lo correcto casi dejó de existir.
Ser equitativos es solo una falacia
para con un propósito cumplir.

La desigualdad lleva a la injusticia,
al conflicto y a la frustración,
a qué se perjudique a otros
yendo en busca de lo mejor.

Es tan selectiva que solo se lleva a quien está vivo

Todo en exceso es malo.
Todo es bajo control.
Lo reducido igual es perjudicial.
Llevar una vida equitativa es lo mejor
Total, ser consciente es lo ideal.

De alguna forma pasará.
De ella nadie se escapará,
puesto que aquí nadie se quedará.

Por hambre o por comer,
por sed o por beber,
por accidente o enfermedad,
asesinato o soledad,
por inmersión o hipotermia,
por virus o bacterias.

Y así siempre habrá una causa y razón.
Por el suceso solo se da una breve explicación,
porque de irnos no nos salvamos
y en polvo solo quedamos.

Hagamos lo que hagamos, vamos a morir.
Hay una y mil maneras de partir,
y en este mundo dejaremos de existir.
Morimos solo por el sencillo y simple hecho
de estar vivos.

Depredador

Destruyen ilusiones,
destruyen relaciones,
envenenan los sentimientos
y los llenan de traiciones.

No permiten avanzar.
Son los mejores en engañar.
Frivolidad saben mostrar.
Impulsan a la vida arrebatar.

Son sentimientos oscuros,
impuros y llenos de maldad,
que envenenan el alma
y la vida llegan amargar.

Los celos nacen de la envidia,
de los malos entendidos, la desconfianza y la incredulidad,
para llegar a atormentar la vida,
y vivir imaginando cosas que tal vez no sean verdad.

Los celos destruyen la vida,
alteran la paz, llevando algunos a enloquecer,
atrapando en el interior de sí mismos la realidad,
impidiendo que los buenos sentimientos lleguen a crecer.

Psicopatía

Hay personas que están acostumbradas
a no enfrentar las consecuencias de sus actos.
Cada vez, las acciones son más atroces,
y, sin mirar atrás, continúan sus pasos.

Se viven horrores
encubiertos por la impunidad,
para una sociedad poco importa
si los mismos no les llegan afectar.

Los actos en perjuicio de los demás
cada día crecen a una gran velocidad.
Ante los hombres, algunos impunes llegan a quedar,
y se toma más fuerza para con el mal continuar.

Estar acostumbrados
a las consecuencias no enfrentar
los hace con psicopatía actuar.
Con la fiel convicción de que lo que hacen es normal,
y su actuar en ocasiones llegan a justificar.

Los actos o atrocidades cometidos
cuando no hay castigo que enfrentar,
con burlas y amenazas
a los otros llegan atormentar,
haciéndose temer por su manera de intimidar

Las consecuencias de los actos,
sean justificados o no, se deben enfrentar,
pues, de cada mala acción que se cometa,
con la misma a otros se llega a perjudicar.

Escalones

Lo único seguro en la vida
es la muerte que cargamos a cuestas.
Todo lo demás es prestado.
Para un ejemplo, un sepelio lo muestra.

La vida se resume en breves momentos
a los que tratamos de darles sentido.
En ocasiones, basados en rutinas
que, al cerrar y abrir los ojos, vemos que se han ido.

La triste y temerosa muerte
es la única y fiel compañera
a corto, mediano o largo plazo,
pero sin dudas y sin fallar llega.

En ocasiones, se espera por enfermedad.
Otras, después de mucho pensar, la llegan a causar,
pero, la mayoría de las veces,
llega sin avisar.

Muchos no estamos preparados
para la misma esperar.
Vivimos creyéndonos inmortales
y desprevenidos nos llega agarrar.

Vivimos en medio de rutinas y sofocos,
haciendo planes y proyectos a futuro,
sin saber si amaneceremos
o si, al terminar el día, se pondrá todo oscuro.

Nos vamos en un sueño profundo.
La Sagrada Escritura nos lleva a esa conclusión,
A esperar el Día del Juicio
o a pensar que existe la reencarnación.

Dormidos o despiertos,
no se sabe en qué condición al morir quedamos.
Lo cierto es que, nadie que se haya ido,
ha venido para contarnos.

Al partir se quedan los problemas.
Ni para el sepelio se piensa en guardar.
Creemos que la muerte nos va a avisar
el día, lugar y hora en que va a llegar.

¡Cuánto duele dejar esta vida
por desconocer qué hay más allá!
Mas, quien en Dios cree,
se va con toda tranquilidad.

Condición y discapacidad no son razones para discriminar

Una persona con discapacidad
debe ser tratada con amor
y no con maldad.

Algunos son personas dependientes
que necesitan cuidados especiales.
No tienen un gran futuro
por causas circunstanciales.

Algunos son seres inocentes
viviendo en un mundo de fantasías,
perdidos en la inconsciencia
de una infancia con una madurez tardía.

Algunos son llevados de las manos,
otros, poco a poco, van evolucionando.
Muchos no tienen oportunidad
y de una cama no se llegan a levantar.

En situaciones diferentes,
vemos en cada grado la discapacidad.
Algunos rechazados, otros amados,
mas con respeto y amor, debemos a todos tratar.

Ser diferentes es solo una condición
en donde lo físico y mental para todos no es igual.
No es razón para rechazar
ni mucho menos para discriminar.

En una realidad diferente viven.
No hay que permitir que vivan aislados
ni en su propio mundo encerrados,
y que, como a los colores, todos los miren.

Hoy y mañana

Hoy estamos arriba,
mañana abajo.
Sucede con la vida,
la casa y el trabajo.

Un día tenemos mucho
y vivimos sin reparo, en abundancia.
Al siguiente, no tenemos nada,
llega la ruina y la desgracia.

No hay nada que entender.
La vida es como la ruleta:
tiramos y nos paramos a esperar
en dónde para al dar la vuelta.

Nadie permanece por siempre en el mismo lugar.
El día y la noche igual llegan a cambiar.
Un estado no es por siempre permanente.
Se sube, se baja, se va de espalda y de frente.

Deprimirse es un estado natural.
Se piensa en lo que una vez se tuvo
y en lo que la vida llegó a quitar.
En lo que, tal vez, no vuelva a llegar;

Puede ser

Un hombre bueno que esté soltero
es para ponerse a pensar,
pues son como el oro,
muy difíciles de encontrar.

Las mujeres nos decimos
que algo malo deben tener,
que un hombre bueno en estos tiempos esté soltero
es difícil de creer.

Será que son selectivos
y con cualquiera no quieren estar,
y cuando, por algún motivo,
quedan solos, esperan a la mujer ideal.

Algunos se dan su tiempo,
al igual que lo hacen algunas mujeres.
Si saben que son especiales,
esperan tranquilos a que la indicada llegue.

Vanidad mata humanidad

¿Quién en este mundo puede caminar
sin frenar, sin mirar para atrás?
¿Quién puede avanzar
viendo que hay quienes se pueden quedar?

¿Quién puede andar por el mundo lleno de vanidad,
sabiendo perfectamente que eso a nada nos llevará?
La vanidad y la falta de humildad
acabarán con la humanidad.

La vanidad es algo superficial
que solo al espejo debe importar.
Tener humildad es mucho más,
es agradarle a todos, sin nada aparentar.

¿Qué se gana con aparentar
mostrando lo que a ti solo te ha de importar?
Ni lo físico ni lo material son permanentes.
Vanidad mata humildad, solo se hace para impresionar a la gente.

La vanidad es un espejismo
que a todos mantiene engañados.
La humildad es la realidad
que muestra el espejismo sin ser cegados.

Búmeran

El karma existe,
claro que sí.
El mal que se hace
igual se llega a recibir.

Es la vuelta que da la vida
o es castigo de Dios,
pero siempre vemos al que mal hace
recibir su lección.

A veces nos preguntamos
el porqué esto me ha de pasar,
pero olvidamos que lo que damos, vuelve,
y preferimos el mal que hacemos no recordar.

Muchas veces se paga bien con mal
y viceversa.
El que mal hace tarde o temprano lo ha de pagar
y quien el bien hace de alguna forma recibe su recompensa.

El karma existe,
claro que sí.
Y más lo confirmamos
cuando vemos a personas por su actuar sufrir.

No sabemos las vueltas que da la vida.
Hoy estamos abajo, mañana arriba.
Por tal razón, a todos debemos bien tratar,
ya que, lo que damos, siempre llega a regresar.
Para recibir bien, el bien debemos hacer,
y no presumir lo que se llega a tener.

Amor viciado

Tóxica es la mujer
que expresa exageradamente su querer.
Puede que sea muy expresiva
o tal vez muy posesiva.

Se le llama tóxica a la mujer
que cela, atormenta y no le da espacio a su marido,
pero hay algunas madres
que también tienen el mismo comportamiento con los hijos.

Una mujer en la condición que sea
tiene ese instinto maternal
que la lleva a todo querer controlar.

No se le llame tóxica al instinto de proteger y controlar.
Véase como algo involuntario,
que en sus acciones no sabe expresar,
volviéndose extremista y dominante,
hasta que llega a la relación contaminar.

Se le llama tóxica porque, equivocadamente,
su amor y querer llega a demostrar,
haciéndole imposible la vida
a quien ella dice amar.

Las cosas se van al extremo
cuando una mujer se obsesiona y quiere controlar a su marido,
cuando lo atormenta con peleas y acusaciones,
y los celos la relación han podrido.

Al hombre no se le etiqueta,
y la misma situación puede crear.
Será por ser hombre,
o el ser machista se puede justificar.

Etapas

Un niño no puede salir adelante solo.
Necesita cien por ciento de sus padres.
Es dependiente en todos los sentidos.
Para él, su presencia es indispensable.

En la adolescencia, entra a la rebeldía.
Alguno causa penas, ya no alegrías.
La figura de mamá no es importante,
solo es alguien que da molestias todos los días.

Cuando llega la juventud,
mamá ya no es indispensable.
Puede por si solo salir adelante.
Ya es independiente y puede solo la vida ganarse.

En la madurez, con mamá se marca distancia.
Ya casi no se le puede ver
por cuestiones de la vida o trabajo
o porque familia ya se llega a tener.

A medida que van cayendo los años
y se acerca la vejez,
consume la melancolía si a mamá no se le ve.
Se siente que es lo más necesario e importante,
para un poco de paz y tranquilidad en la vida tener.
Con ansias, al lado de ella se quiere volver.

Cuando mamá está presente,
según la edad que tengamos, no le damos valor.
Cuando de nuestra vida está ausente,
con los años nos damos cuenta de que, de todo, ha sido lo mejor.

En silencio

Decidiste terminar la relación
e informarme no te pareció importante.
Lo hiciste sin darme una explicación,
y, sin hablar, decidiste alejarte.

Hoy no llamas ni escribes,
y no das una razón.
De mí te has alejado
y así has acabado con la relación.

Las explicaciones quedan sobrando.
Todo queda sobreentendido.
El interés que un día tuviste
de repente se ha perdido.

Por favor, contéstame
y dime ¿qué ha pasado?
¿Por qué de mí te has alejado?

¿Qué habré hecho mal?
No pensé que de mí te fueras a alejar.
Si tus motivos y razones has tenido,
lo mejor habría sido que hablaras conmigo.

Retomar es avanzar

Mientras se sigan escogiendo gobiernos
por conveniencias personales,
los políticos se seguirán enriqueciendo
y seguirán sin que el pueblo les importe.

Los gobiernos se escogen
para crecimiento y desarrollo del país.
Un gobierno que trabaja en beneficio del pueblo
también lo hace por ti.

Generar empleos, salud y educación,
son obligaciones de los gobiernos, es su misión,
para que un país avance
y el progreso sea en beneficio de la población.

Políticos tradicionales ya no debe haber.
Ellos endulzan con tonterías para seguir en el poder,
mientras descuidan al pueblo
porque piensan que ya cumplieron con él.

Vota colectivo y no individual.
Es la única manera de ver al país avanzar.
No mires figura y busca capacidad,
que los partidos políticos solo buscan cómo continuar.

Mientras no votes colectivo
y lo sigas haciendo individual,
no saldremos del círculo, no vamos a avanzar
y a país de primer mundo no vamos a llegar.

Él juega vivo

Los que andan por la vida
creyéndose los astutos,
siempre ven beneficio en todo,
pero, más que vivos, actúan como brutos.

Él juega vivo y siempre quiere
lo ancho para él y lo angosto para otros.
Y si hay algún descuido,
también de lo angosto quiere otro poco.

Todo lo quieren compartir.
Nunca están satisfechos
En el tin marín
serán quienes saquen más provecho.

Justifican sus acciones
a su propia conveniencia.
Al parecer, piensan y razonan,
pero actúan sin conciencia.

Solo hay que soltarles un poco la cuerda
para ver hasta dónde llegan.
Al final se darán cuenta
de que, a su viveza, no hay quien le tema.

Sin equidad, no se puede avanzar

No hay país pobre
Si no riquezas mal distribuidas.
No es posible que niños mueran de hambre,
mientras que otros se dan la vida que ellos creen merecida.

¡Cómo es posible que los que tienen mucho
aún quieran más,
que miren a su alrededor y puedan ignorar
tanta pobreza, sufrimiento y dolor!
¡Cómo es posible no ver tanta necesidad!

La riqueza de un país
no es para grupos selectos,
es para que él mismo avance
en todos los sentidos.

Hay salarios que no se miden por las funciones.
Algunos son por inconformismo, por ambición.
Es allí donde los recursos del Estado deben ser bien equilibrados.
Y lo que genera es más pobreza su mala distribución.

Empresarios abusivos
que explotan la mano de obra del trabajador,
miserias de salarios establecidos,
y gobiernos que se venden al mejor postor.

La mayoría de los políticos son empresarios
para terminar de agravar la situación.

Cada día crece más la pobreza y la miseria.
Cada día crece más la ambición.
Mientras que unos son cada vez más ricos,
las arcas desangradas lloran a causa de gente sin pudor.

De los recursos de los Estados deben beneficiarse todos, sin excepción.

La mujer inteligente

Las mujeres inteligentes
toman por sí mismas decisiones,
tienen deseos propios y saben hasta dónde llegar.
Ningún hombre las puede marear.
Ellas analizan y pueden por sí mismas pensar.

Un hombre no gira en torno a ella
porque ella gira en torno a sí misma.
No se deja manipular ni chantajear,
ya que sabe perfectamente dónde pisar.

No carga con culpas propias ni ajenas,
ya que su responsabilidad sabe asumir.
De manera sabia, discute y cuestiona.
No es conforme y adelante siempre sabe salir.

Es una mujer realista
y sabe que su vida no termina por una decepción.
Seguirá siempre adelante.
No acostumbra a pedir permiso,
ya que es decidida y sabe hacia dónde ir.
No busca en su pareja a un ídolo
o a un líder a quien seguir.
Tampoco a un hijo a quien amamantar
y menos a un padre que las riendas les quiera parar.

Amor de locos

Quiero que seas mi loco,
mi loco personal.
Quiero ser la razón y el motivo de tus locuras
y, en tus gritos, mi nombre escuchar.

Quiero vivir eternamente en tus pensamientos,
mientras tu mente vaga sin aliento,
quiero siempre en ella permanecer.

Luego de verte perdido en tus locuras,
tu manicomio quiero ser.
De tratamiento darte sobredosis de ternura
para, aún más, hacerte enloquecer.

Mi loco serás por siempre,
porque de tus locuras quiero vivir,
contagiarme día con día
hasta que de tu mundo ya no quiera salir.

Igual seré tu loca
para esta locura juntos vivir,
y, aunque nos llamen locos,
seamos siempre locos, locos hasta morir.

De hielo

Vacía es el alma de un ser
que no tiene sentimientos,
que actúa con maldad
y causa sufrimientos.

Dañinos son los pensamientos
cuando empiezan a maquinar,
su gran talento y capacidad
solo les da para hacer el mal.

Vacía es el alma de un ser insensible,
egoísta y traicionero
que se odia a sí mismo
y también al mundo entero.

Vacía es el alma del inescrupuloso,
que sin remordimientos la vida llega a arrebatar,
que no se detiene a pensar
que hacer el mal causa a otros dolor y sufrimientos.
Es algo ilógico, difícil de entender,
que existan seres malos sin amor y sin fe.

Destrucción

No tomar conciencia acerca de las armas
nos hace responsables a todos.
La sangre que se derrama cae en el suelo,
en donde caminamos sin respeto ni miedo.

Las armas son utilizadas
para cometer actos criminales,
donde la violencia se ha hecho presente,
en donde mueren personas inocentes.

Regular el control de armas
y que haya severos castigos
sería ser empáticos
con quienes por las armas han sufrido.

Pasaron de ser juguetes
para ser causantes de dolor.
Quien tenga una en sus manos,
sabe de su alcance y dimensión.

La vida es un regalo
y a quitarla nadie tiene derecho.
Se truncan sueños e ilusiones
y quedan corazones deshechos.

¿Dónde quedó el respeto?
¿Dónde quedó la paz y el amor?
Todos fueron reemplazados por las armas,
que se usan sin ningún control.

Quien un arma utiliza,
se siente grande y empoderado.
Si es tan valiente y bravo,
¿por qué huye cuando ha asesinado?

En cabeza propia

A la hija de una amiga
le valió no escuchar consejos.
Quiso comerse el mundo
y le cayó encima el mundo entero.

Hoy se arrepiente de lo sucedido.
De nada sirve ya lamentar.
Deben tomarse decisiones firmes,
antes de salir a experimentar.

Consejos de amigos que están en peores situaciones,
esos no se deben escuchar.
Un camino equivocado tomas,
y, con facilidad, te dejas arrastrar.

Hay hijos que no quieren escuchar,
y con sus propias cabezas experimentar.
Por más que un sufrimiento se les quiera evitar,
siguen adelante, aunque sepan que se van a estrellar.

De lo vivido no se pueden echar para atrás,
ya que toda experiencia tiene un aprendizaje.
Cuando se sufren las consecuencias del actuar,
se comprende claramente el mensaje.

Antes de actuar, se debe escuchar,
porque de nada vale arrepentirse.
Seguir adelante y, más que lamentar,
vale reírse.

Las malas decisiones
hacen que cambie nuestro destino.
Se pierde el rumbo
por tomar otro camino.

Así como nosotros perdonamos a los que nos ofenden

Bajo leyes absurdas
están los derechos humanos,
en donde el bueno queda indefenso,
y se le da protección al malo.

Vemos casos en donde los delincuentes son las víctimas,
y el que se defiende es el juzgado.
Todo lo hacen protegidos
bajo las leyes de los derechos humanos.

Hay leyes absurdas,
pero cada maestro con su librito.
Pero ¿por qué sentirnos desprotegidos los que actuamos bien,
si las leyes deben ser hechas para castigar el delito?

Velar por los derechos del criminal,
es muy inconforme aceptar esa realidad.
Es como si Dios, bajo el mandato del amor,
perdonara al Diablo después de haber hecho tanta maldad.

De igual manera

La mujer que denigra a un hombre
y ante los demás lo quiere ridiculizar
no es alguien que se respete,
ya que no sabe darle al mismo su lugar.
Ninguna mujer debe a un hombre humillar.
Debe estar a su lado y en todo apoyarlo.
De igual forma, el hombre se debe el respeto ganar
y a la mujer saberla igual respetar.

Un hombre siempre debe ser respetado
y bien valorado.
Que no se haga por su condición económica,
sino por el simple hecho de ser lo apropiado.

Todo hombre ante la familia su papel debe asumir.
No porque sea hombre que impere lo que él llegue a decidir.

El hombre debe saber que cuenta con su mujer,
al igual que su mujer cuenta con él.
que ambos recorran un mismo camino,
y que sean el mismo sostén.

La unidad nos hará libres

A los políticos no se les escoge
para que nos hagan favores.
Trabajan para el Estado y devengan un salario
como todos los trabajadores.

Nos regalan migajas
para que los mantengamos en el poder.
Lo que nos dan no proviene de sus salarios
y no es un regalo a como lo hacen ver.

Se les escoge para que trabajen
en buen provecho de las comunidades.
No para que, con migajas, nos compren,
y que cada día tengamos más necesidades.

No hay que agradecerles nada,
porque trabajar es su obligación.
Por lo mismo devengan un salario,
como cualquier trabajador.

Exigir mejor condición de vida,
para eso los elegimos,
no para hacerlos enriquecer
y que nos traten como mendigos.

La población los supera en números.
Ellos representan la minoría.
¿Por qué aceptar las migajas
y no velar por lo que nos corresponde con valentía?

Ningún político debe ser la esperanza
para ver a las comunidades surgir.
¿Por qué nos hemos acostumbrado a que nos den las migajas
y a aceptar conformes que se lleven todo el botín?

Cambiemos la mentalidad
de que el político nos tiene que regalar.
Escojamos a verdaderos patriotas,
que, de verdad, por su país quieran trabajar.

Amar o pecar

No es fácil el poder aceptar
cuando a mis pensamientos empiezas a llegar.
Es como una habitación cerrada
y tu imagen deja a mi mente en la nada.

Las diferencias que nos separan
lo hace todo tan imposible.
No hay libertad para expresar
que en mi vida ocupas un lugar especial.

Cómo decirte lo mucho que en mí provocas.
Son cosas que fácilmente no se pueden explicar.
Los sentimientos parecen pecados
cuando por prejuicios se tienen que ocultar.

Te extraño
como extraña la tierra al agua en verano,
como extraña el árbol a la brisa cuando no sopla
cuando camina un niño solo sin tomarlo de la mano.

Róbame un beso en el silencio de la noche.
Ven y házmelo sentir con el calor del día.
Que quede plasmado en mi alma,
que me quede tu beso en la vida.

Luchas cruzadas

De fiesta estamos y de fiesta vamos.
Fiesta que nunca acabará porque terminó el racismo, quien nos terminaba por marcar.
Racismo que nos oprimía y que no permitía igualdad.
Racismo que existía y que ya no vuelve más.
Indios, cholos, negros, chinos y blancos,
mulatos, zambos y mestizos,
vivamos todos juntos y unidos, así como Dios lo quiso.
Igualdad de trabajo y de posición,
igualdad de derechos para todos sin discriminación.
Vivamos la fiesta, unámonos en hermandad,
porque acabó el racismo y ya no vuelve más.
Que canten los niños y que bailen las mujeres
para gritar al mundo que vendrán tiempos mejores.
Que suenen las maracas y repique ese tambor,
para anunciar a todos que ya no habrá más discriminación.
Se acabó la lucha por la igualdad, ya a ninguna raza se le va a despreciar,
no habrá color de piel que nos haga diferenciar.
Porque se acabó el racismo y ya no vuelve más

Vestirse de nuevo

Siempre habrá gente que piense que no se cambia,
que el tiempo pasa y se continúa siendo la misma persona,
que los errores cometidos anteriormente aún se siguen cometiendo,
que las experiencias ni el tiempo marcan,
que como se era aún se sigue siendo.

Juzgan por lo que éramos,
porque así nos conocieron,
sin saber en el interior
los cambios que hubieron.

Tal vez muchos juzgan porque no cambian,
y a todos iguales a ellos ven.
Todos en este mundo llevamos cargas
que nos hacen distintos a lo que nos creen.

El tiempo y los golpes hacen madurar,
aunque a algunos solo les pasan por encima.
A otros sí que los hacen cambiar,
como cambia el físico, igual lo hace la mentalidad.

No juzgar por lo que se fue en el pasado,
si no se conoce a profundidad lo que se es en el presente.
Algunos sí tratamos de cambiar y de ser diferentes,
y ya no somos como nos miraba la gente.

Logorrea

Se debe saber cuándo en una conversación parar.
Hay temas que son difíciles de tratar,
y a las personas llegan a incomodar,
ya que hay que tener prudencia para los mismos tocar.

Hay temas muy sensibles,
complejos y delicados,
que deben tener un límite
y saber cuándo pararlos.

Insistir, insistir e insistir,
aunque se les diga que ya
y aun así con el tema seguir,
es claro que la persona no sabe cuándo parar.

Esa situación molesta y enfada
y con esas personas no se quiere ningún tipo de conversación,
pues tienen algún trastorno o déficit de atención.

Al parecer no se han dado cuenta
de que tienen un problema emocional,
y que no han sabido cómo el mismo manejar,
pero sí a otros termina por afectar.

Solo una madre lo entiende

Si una madre se preocupa por sus hijos,
no es que los quiera controlar
es solo que le angustia
que algo malo les pueda pasar.

Si los llama y los espera despierta,
es porque de ellos está al pendiente,
de que, donde estén, se encuentren bien,
y que no les ocurra ningún accidente.

La angustia y desesperación,
la invaden cada vez que sus hijos salen.
No se perdonaría que ellos la necesitasen,
mientras ella dormía.

Una madre a sus hijos
todo peligro y mal les quiere evitar.
Si por ella fuera,
nunca nada les llegaría a pasar.

¿Por qué la noche entera despierta la pasaría?
Solo quien es madre lo entendería.
Ninguna madre lo puede explicar.
Solo es la angustia y la necesidad de no poder dormir
sin ver a sus hijos a casa llegar.

Todo debe ser a conciencia

Una vez, escuché a alguien decir que siempre debería llover para que así en el mundo no hubiera escasez.

Alguien respondió que mejor era, por siempre, tener sol, para de la vida disfrutar mejor.

Alguien más comentó que ninguno de los dos, que lo ideal sería comer, comer y comer, y nada más hacer.

Que no se debería trabajar, porque solo nos agotamos y muy poco podemos descansar.

Mejor sería siempre dormir, alguien así opinó, ya que, si durmiéramos mucho, viviríamos mejor.

Alguien más dijo: nada de lo que dicen me parece bien, sería de la vida siempre disfrutar, salir, bailar y gozar, si hay o no dinero no debe importar.

Dijo alguien más por allá: mejor ser como niños y siempre jugar, sin situaciones que nos lleguen a preocupar.

Tal vez habló la vanidad: ¿y qué tal si todos los días nos fuéramos a comprar a tiendas o almacenes de un centro comercial?

Dijo alguien a quien no le gusta sudar: mejor es tener nieve permanente para no sufrir de calor, ya que si sudamos nos da mal olor.

Pasarnos la vida haciendo solo lo que queremos, o como nos gustaría que fuera, sería una guerra de poder, en donde cada uno su voluntad hiciera prevalecer.

Sabemos que nada podemos cambiar,

mejor es aceptar todo como está. ¿Para qué hacernos la idea de pensar que lo que deseamos y queremos a todos les va a gustar, que para todos debe ser igual?

Generación de cristal

Las madres nos sentimos cansadas y agotadas
de tanto trabajar en el hogar.
Todo lo cargamos encima
por no asignar responsabilidad.
Hasta de los nietos nos llegamos a encargar.

Así criamos en la actualidad,
como dicen «generación de cristal».
Lo que antes se hacía con normalidad,
hoy día a ellos los puede dañar.

Algunos son violentos, irrespetuosos y agresivos,
pero de mentalidad frágiles para los demás.
Mucho se hace para protegerlos,
impidiendo que por sí mismos puedan pensar.

Como no saben de responsabilidades ni de obligaciones,
se les quitan de encima
todas situaciones que en ellos ejerzan presiones.

No salen de sus recámaras,
o sentados en el sillón,
con el teléfono en las manos
o conectado al cargador.

No saben hacer oficios
y menos quieren estudiar.
En las casas son cargados,
por tal razón nada les ha de importar.

En sus recámaras viven perdidos,
porque todo tirado está.
Entre basuras y otros, habitan en la suciedad.
Con olores, insectos y ratas,
no les preocupa cohabitar.

Levantando conciencias

Levantando conciencia
es actuar usando el sentido común.
Aunque nos equivoquemos,
actuamos con una mejor actitud.

Levantando conciencia
es ver las situaciones en diferentes perspectivas.
Es manejarse con cordura
ante los problemas de la vida.

Levantando conciencia
es vivir a plenitud,
porque se sabe, desde dentro,
que todo es cuestión de actitud.

Levantando conciencia
es vestirse de principios y valores,
porque, para verse hermosa y cautivar,
usar la inteligencia no debe causar temores.

Levantando conciencia
es luchar por una mejor sociedad,
por países que progresen,
pensando en el bien de los demás.

Levantando conciencia,
no es ver sino mirar.
Es también pensar y analizar,
y, por último, es hablar sabiéndose expresar.

Levantando conciencia
la pobreza no debe existir,
pues quien es inteligente es grande,
y con sabiduría bien sabe dirigir.

Al conocer las realidades,
levantamos la conciencia.
Nos permite mirar con interés
a lo que le mostramos indiferencia.

Mujer de hoy

La mujer de hoy
tiene muy claras sus prioridades,
y, cuando está en una relación,
más que aceptar, defiende sus ideales.

Ella no busca lo material,
ya que sus lujos se los sabe dar.
Más que todo busca compañía
para su vida complementar.

Necesita sentirse deseada y atendida,
ya que, por su edad, se sabe valorar.
No desea ser reprimida
porque sabe cuándo la distancia debe marcar.

La mujer de hoy no es esclava,
no es niña; es mujer.
Necesita abrir sus alas,
y, como todo jardín, en primavera florecer.

Sin miedos ni ataduras
la mujer de hoy no está para frustraciones.
Ni está para perder el tiempo,
Ya que están bien fijas sus visiones.

No le teme a la soledad
porque, ante todo, busca tranquilidad.
Bienvenido a quien llega
y adiós a quien se quiera marchar.
Así es la mujer de hoy, quien no se deja marchitar.

Por amor propio

Cuando en una relación ocurre un engaño,
en ocasiones la misma definitivamente termina,
dependiendo del grado de amor propio
que tenga la persona hacia sí misma,

Nadie más que ella se da su respeto y valor.
Una vez la confianza se pierde,
igual termina el amor.
Y así como seguir con la relación,
pues, cada vez que se recuerda la falta,
igual se recuerda la traición.

Una vez se perdona un engaño,
hay que estar preparados para más,
pues una vez se pierde el respeto,
ya no importa lo que pueda pasar.

El amor propio es lo que nos hace ser decididos,
no permitir engaños, ni ser compartidos.
Si a nadie le importa conmigo,
solo yo podré escoger mi destino.

Las infidelidades no deben ser permitidas,
pues si se hace, se entiende que allí no hay amor,
y es mejor superar la tristeza y decepción,
que vivir en el irrespeto y el desamor.

Lejos de la paila

¿Qué estará pasando?
No creo en brujería.
Ya todo esto no me está gustando,
pero mi mujer ni para oler me está dando.

¿Será que la he idealizado
y la veo como la mejor mujer,
aunque no me esté dando para mis deseos complacer?

Ella me dice que podemos vivir juntos como amigos
y ante los demás aparentar que duerme conmigo.
Sigo dando todo por ella y entregándole mi ser,
aunque, como hombre, no me pueda satisfacer

No he pensado en irme de la casa,
ni con otra llegarla engañar,
aunque me diga que conmigo no se puede acostar,
a su lado siempre voy a estar.

Tal vez la coloque en un altar
o mi miembro llegue a matar,
para seguir a su lado incondicional,
y a como ella diga la relación llevar.

El whatsappazo

Hoy día las relaciones empiezan por WhatsApp.
Se dan un hola
y allí empiezan a chatear.

Se miran los perfiles
para iniciar una relación,
y, desde allí, nace la proposición.

Se conocen chateando,
por fotos y videollamadas,
hablando de todo un poco
y viéndose las caras.

Virtual todo va bien,
se pasan por alto las observaciones.
Cuando deciden que deben verse,
empiezan a llover las decepciones.

En la relación física, casi nada funciona.
Empiezan a conocerse interiormente,
y se dan cuenta de que nada es igual
a como lo era virtualmente.

Decepciones por aquí,
decepciones por acá.
Mejor nos hubiéramos quedado en el WhatsApp

Si se meten los verdaderos sentimientos
en una aplicación,
estamos expuestos a que se oculte lo peor.
Lo físico lo vemos, pero no el interior.

Cuando se acepta que no se conocieron lo suficiente,
terminan por alejarse físicamente.

Para terminar la relación,
así mismo cómo empezó,
a través de un mensaje por WhatsApp diciendo:
todo terminó.

El vuelo

Elévate alto
y no te dejes caer.
Sube más alto que las nubes
en donde a todos, desde arriba, puedas ver.

Eleva tus ánimos,
eleva tu alegría,
eleva tu mirada
con altivez y osadía.

No bajes la cabeza.
No te sientas inferior.
No te sientas cohibido
de ver a quién se siente superior.

El estudio y el dinero
no hacen a las personas
sentirse por debajo.
La confianza por sí mismo se abandona.

Caminar firme y seguro,
ver cómo gira a nuestro alrededor el mundo,
a nadie humillar
ni dejarte arrastrar.

Perder el valor propio
trae inseguridad
y eso lleva
a los demás a querer humillar.

Vuela alto, alto, muy alto,
hasta perderte en el azul del cielo,
que todos te miren volar,
pero con los pies en el suelo.

Eleva tu autoestima
y no permitas que te usen como trapeador,
tampoco ofendas a otros
por sentirte inferior.

Soberbia

Cuando las personas no tienen nada,
son humildes y agradecidas,
pero cuando tienen un real,
son altivas y malagradecidas.

Ya no quieren pisar el suelo,
como se escucha decir.
Se vuelven superiores y prepotentes
y la nueva posición bien saben asumir.

Con su actitud, alejan a todos,
ya que son insoportables y despectivas.
Olvidan que antes no tuvieron nada
y que estuvieron con ellos muchos amigos.

Algunas, con el mal manejo, no supieron ahorrar.
Todo con despilfarro llegaron a gastar.
Muy tristemente vuelven a la dura realidad,
y con el suelo duramente se acaban por estrellar.

Vínculos de amor

Son la más grande bendición
y de su amor hay que saber disfrutar.
El amor y dedicación de los hijos
es el mejor regalo que Dios pudo dar.

Hay muchos hijos buenos
y otros que salen mal.
Su conducta en ocasiones no depende de la crianza,
ya que dentro del hogar a todos se les ama por igual.

Simplemente, así es la vida.
Hay cosas que no se pueden explicar.
Hay padres que dan todo por los hijos
y ellos sus corazones llegan a lastimar.

El amor de los padres es incondicional,
aunque los hijos les causen sufrimientos.
Lo más triste es ver derramar lágrimas
por quienes ellos no sienten agradecimiento.

Sonrisa fingida

La envidia también se disfraza
de una falsa amistad.
Existen conveniencias y risas
y también una falsa lealtad.

Con envidias y celos marcados,
con una hipocresía fatal,
hay quienes ofrecen apoyo
haciéndose incondicional.

Saludan naturalmente
con una sonrisa fingida,
de frente muestran felicidad,
pero por detrás un puñal quieren clavar.

Hay que cuidarse de las fieras,
que fingen estar dormidas cuando están al acecho.
Así es la falsa amistad
cuando está disfrazada de abrazos y besos.

A veces no se tiene nada,
solo envidian por tonterías.
A muchas personas les duele
ver vivir a otros con alegría.

Mujer

Sus lágrimas y risas
son como rayos radiantes de sol:
ambos expresan sentimientos,
emociones y amor.

Es el complemento perfecto
que se necesita para ser feliz.
Tratar a una mujer con maltrato y desprecio,
eso solo lo hace un gran infeliz.

Tiene las fuerzas necesarias
para a este mundo hacerle frente.
Toda mujer es una gran guerrera.
Toda mujer es valiente.

Después de una ardua jornada laboral,
llega cansada para ocuparse del hogar.
Atiende a los hijos y les presta su atención.
Y, en la noche, como esposa, cumple su obligación.

Una mujer no tiene descanso.
Siempre anda ocupada.
Pero eso no la limita a detenerse,
aunque en cuerpo y mente se sienta cansada.

Irracionales son los animales

Divina creación de Dios
somos los seres vivos.
Todos debemos amarnos
y no tratarnos como enemigos,

Ámense los unos a los otros,
lo ha mandado Nuestro Señor.
Quien es capaz de lastimar a otros,
ese no tiene perdón.

Todos tenemos sentimientos
y con las emociones los sabemos expresar.
Solo somos diferentes a los animales
por el hecho de poder razonar.

Tienen más sentimientos los animales
que aquellos que los llegan a lastimar.
Solo se defienden si los maltratan,
y no como el hombre, que lo hace por maldad.

El hombre de Facebook

Al enviar la solicitud de amistad,
los aceptas como amigos,
pero algunos piensan que lo haces
para tenerlos como maridos.

Las típicas preguntas que no han de faltar
cuando con ellos empiezas a interactuar.
Creen que todas las mujeres son iguales
y de la misma forma las quieren tratar.

Empiezan llamándote, bebé.
Luego te preguntan si eres soltera.
Seguido, te piden el WhatsApp
y te dicen que eres más bella que cualquiera.

Faltan al respeto
con conversaciones sobre sexo,
porque para algunos tu amistad
significa solo eso.

Piden la dirección
para ir a visitar.
Por ahí mismo van proponiendo
juntos en la cama quedar.

Facebook es una red social
en la que quien quiera se puede conectar.
No dice solicitud para otro tipo de relaciones.
El mensaje sepa usted interpretar.

Ojitos de mi alma

Ojitos de mi alma,
dulce despertar,
ojitos lindos y profundos
expresan que mucho sabes amar

Ojitos de mi alma,
cómo me quisiera en ti perder,
ver mi reflejo en tu mirada
y allí permanecer.

Ojitos de mi alma
no son cobardes ni traicioneros.
Con firmeza miras mi presencia.
Ay, ojitos, cómo te quiero.

Perjuicio social

El racismo y la discapacidad
no son enfermedades,
simplemente son condiciones sociales.

Quien discrimina a una persona
por su color de piel, condición social o discapacidad,
está lleno de prejuicios
o no es muy racional.

La discriminación es una barrera
que bloquea a la sociedad.
Son prejuicios tontos
que nos hacen echar para atrás.

Una persona, por ser diferente,
no se debe rechazar.
Cada quien tiene un valor único
y se debe respetar.
Ideologías erradas no se deben aceptar.

Nadie, para ser aceptado,
una falsa identidad se debe crear.
Y más que discriminar,
se debe aceptar.

Dios fue muy sabio
al hacernos diferentes
para unirnos como hermanos
y hacernos seres conscientes.

Negra soy

Para mí no existe el racismo.
Eso solo existe en un mundo surreal.
Lo importante es lucir mis atributos,
que están bien puestos y son naturales.

Mi color es firme y atractivo,
con un bronceado al natural.
Mi cabello fuerte e indomable
se luce como lo quiera llevar.

Mujer negra,
belleza pura al natural,
cual rayo de luna radiante
en una cálida noche, a orillas del mar.

Negra soy
y con mucho orgullo lo digo.
De otro color no quisiera ser.
Volvería a ser negra
si volviera a nacer.

En el color negro se encuentra lo más hermoso.
Cual azabache, digno ejemplar.
En la tranquilidad de la noche,
se puede lo más bello del cielo apreciar.

Rosas con espinas

Una mujer necesita todos los días
ser conquistada, amada y enamorada.
El hecho de que ya esté en una relación
no significa que no merezca atención.

Es el gran error que cometen la mayoría de los hombres.
Cuando ya tienen a la mujer,
olvidan que, en su jardín,
ella quiere florecer.

A la flor dejan de cuidar,
sintiéndose confiados;
ellas marchitas por dentro tienden a estar,
a pesar de tener a muchos interesados.

Necesitan que le presten toda la atención
y vivir día a día ese romance.
Aunque otros las quieran tener,
es para ti su querer,
eso es lo importante.

Hacerle el amor todos los días
no es motivo de satisfacción.
Ella necesita de otros detalles,
y, más que todo, de atención.

Recibe de otros lo que de ti desea,
mas la embarga la tristeza y soledad,
porque, entre todos, es contigo con quien quiere estar,
y, con distancia e indiferencia, la puedes tratar.

En ocasiones, provoca acciones
para hacerlo reaccionar,
queriendo hacer un llamado
y que la voltee a mirar.

Una mujer es calculadora,
realista y analista.
Espera pacientemente
a tener un primer lugar en la lista.

Cuando se cansa de esperar esa atención,
pide la separación.
Piensa que es mejor estar sola
que estar inconforme en una relación.

El llanto del barrio

¿Qué es el gueto? —pregunté,
ya que la palabra me causó interés.
La respuesta trajo asombro,
y fue triste y preocupante la respuesta tener.

El gueto es el barrio,
en donde se crece en el ambiente de la maleantería,
drogadicción y malas conversaciones
que afectan a la sociedad hoy día.

Se corrompen las buenas costumbres
que los padres y la educación han querido inculcar
para hacer personas de provecho
y evitar que una vida de violencia quieran llevar.

Cuando los del gueto salen de su entorno,
llevan afuera violencia y dolor.
Quedamos todos afectados,
arrastrados por su círculo de terror.

Muchos vivimos en una burbuja
buscando para los hijos lo mejor,
tratando de alejarlos de los barrios
en donde se produce tanto temor.

Tiempo (Estrella fugaz)

El peor enemigo
no es quien lastima y traiciona,
es el tiempo que golpea sin piedad,
nos arrastra a un vacío de depresión y vanidad.

Cruel y malvado,
fiel y querido amigo.
Llena una vida de dolor y alegría,
pasa de igual manera, de noche y de día.

Golpea el ego,
el mismo no pasa en vano.
Se hace sentir con los años
y nos recuerda que hay que aprovecharlo.

No se detiene a esperar decisiones,
es sabio y maestro también.
Nos da las mejores lecciones
y nos permite igual enseñar.
No necesita palabras
y la razón, al final, nos da.

Golpea, arrastra y estremece.
Nos tira y nos vuelve a levantar.
Si nos quedamos en el piso o levantamos,
igual pasará.
Nos recuerda que nadie es eterno
y que, si no se vive, igual se morirá.

Vivo, luego existo.
Es la frase que se debe siempre repetir.
Se vive la vida como venga.
Se existe para vivir.

Es el tiempo el que nos permite llegar y partir.
Nos dice que si no se vive nada se va a lograr,
y, al quedarnos sentados, igual va a pasar
como una ráfaga, como estrella fugaz.

Descarrilados

Como un tren que se descarrila,
así va la juventud,
directo a estrellarse
por su mala actitud.

Entre vicios, drogas y pandillas,
son tragados por un mundo del que no podrán salir.
Se sabe que solo tienen dos caminos
de los cuales no podrán huir.

La vida es tan valiosa
para quien no tiene salud,
pero no vale nada
para la actual juventud.

Algunos tocan fondo,
y ven la situación con temor.
En ocasiones es demasiado tarde
para salir del círculo de terror.

Una vida en Cristo algunos llevan,
buscando en él el perdón,
pues saben que Jesús es el camino
para vida eterna y salvación.

Migajas

No le des valor
a quien su tiempo no te pueda ofrecer.
Está demostrando claramente
que contigo no lo quiere perder.

El tiempo es el tesoro más valioso
que alguien puede dar.
Es algo que lo material
no va a recompensar.

Darle importancia a una persona
que solo ofrezca sus migajas
es perder el tiempo,
es darlo todo y no recibir nada.

El amor y el interés
van tomados de la mano.
Quien no dedique su tiempo
es porque tiene a quien dedicarlo.

El tiempo es como una ráfaga de luz
que pasa muy de prisa.
El perderlo con quien no valora
apaga lentamente la luz y la sonrisa.

Hoy elijo vivir

Hoy vivo por si mañana muero.
Decido vivir y disfrutar de lo nuevo,
ser feliz, reír, llorar, cantar, jugar.
Hoy decido la felicidad buscar.

Decido compartir con mis amigos,
no ser más la sombra de un marido,
ni la sirvienta de mis hijos.
Hoy vivir elijo.

Hoy estoy viva
y quiero de esta vida disfrutar.
Se acabaron las excusas,
no seré más la esclava de un hogar.

Quiero ver salir el sol cada mañana,
y verlo ocultarse al atardecer.
También quiero ver a la luna
en las noches resplandecer.

Quiero perder mi mirada contemplando el cielo
y, en cada nube, ver formar figuras,
verlas moverse con el viento es lo que quiero.

No quiero matar mis sentidos
ni mutilar mis extremidades
por el simple hecho de estar viva,
y no vivir teniendo miles de oportunidades.

Hoy decido vivir por si mañana muero,
y si llega el amor, que sea el verdadero,
que es el mío primero.
Antes que todos los demás, yo primero.
Por quien decido vivir,
eso quiero.

Una mujer madura es una mujer segura

Una mujer no depende de un hombre
para ser feliz.
Ella es completa sola
y se adapta a toda situación para vivir.

Ella no necesita de un hombre
para que le haga compañía.
Se siente muy bien sola
y jamás está vacía.

Las que ya han pasado
por malas experiencias amorosas
valoran mucho más la libertad
que cualquier otra cosa.

Toda mujer es fuerte y decidida.
Un hombre no es complemento alguno para su vida.

Un hombre no significa para ella felicidad,
ya que la misma está en sus manos y no en las de alguien más.
Toda mujer es consciente de su realidad,
y, por tal razón, no le teme a la soledad.

Por ahí lo escuché

De lo que no sabemos,
no hablemos, ni especulemos.
No debemos hablar
de lo que de otros llegamos a escuchar.

La historia siempre es diferente
de lo que, sin saber, se empieza a repetir.
No se sabe si se habla con quien sabe bien el cuento,
y seguimos afirmando sin saber si fue así.

Se habla y especula.
Se inventa lo que no sucedió.
A las personas les afecta
que hablen sin saber lo que en verdad pasó.

Como corriente sin freno
corre rápido la información.
Cada quien tiene una versión diferente de los hechos.
Algunos solo inventan para llamar la atención.

Otros hablan sin base
solo porque lo escucharon,
porque así me dijeron,
y, quien me dijo, dice que así sucedió.

Fulanito me dijo que tú le dijiste,
que otro le dijo, que así le dijeron,
que alguien le dijo que le habían dicho
que por ahí así escuchó.
Y así, se inventan y distorsionan historias,
hiriendo los sentimientos de quien sí lo vivió.

Valor propio

No se es valioso por lo que se tiene
ni por lo material que se pueda dar.
Se es importante como persona.
Hay que aprenderse a amar y valorar.

No le brindes en tu vida
a cualquiera un lugar,
ya que hay algunos
que solo buscan donde poderse arrecostar.

Personas que en tu vida no encajan
y que, a tu lado, no pueden caminar.
Sabiendo que quedan chicos,
se lanzan y contigo quieren aventurar.

No seas refugio ni centro de atención.
Cada persona puede pretender lo que quiera,
mas debemos saber quien a la medida queda,
y no colgarnos encima a cualquiera.

La indiferencia debe ser la mejor decisión,
no dejar que otros acomoden su vida
buscando para la suya solución,
esto, más que alivio, será una gran presión.

Nueva era

A las rondas yo jugaba.
A las escondidas también jugué.
A las cuerdas yo saltaba.
Y de las muñecas y juegos de té también disfruté.

Todas las tardes nos sentábamos
a echar cuentos y a platicar.
Jugábamos a la lata
y también con los *vachts*.

Nos reíamos de todo
con la inocencia de la niñez y adolescencia.
No se hablaba ni escuchaban obscenidades,
pues eran mentes sanas que se sorprendían de escuchar vulgaridades.

Los pleitos eran inocentes,
con peleas que no llegaban a más.
Al día siguiente, quedábamos como si nada,
listos para de los juegos y aventuras disfrutar.

Nuestros padres nos inculcaban
decir los buenos días cuando llegábamos a un lugar.
Si los maestros y vecinos nos pegaban,
al llegar a casa, sin preguntar, nos terminaban de rematar.

Con solo una mirada de mi madre,
su gesto me hacía comprender
que no le gustaba lo que hacía
y con rejo parejo me hacía entender.

Se estudiaba con dedicación.
En casa, se inculcaba el respeto.
En el hogar, se daba la mejor formación.
Eran otros tiempos, no hay la menor duda de eso.

Tanto el día como la noche

¿Qué es el bien
y qué es el mal?
¿Cómo se puede estar seguro
y a cada uno diferenciar?

Lo que a unos les parece bueno,
para otros representa lo malo.
Cada quien tiene su propia perspectiva,
y, por su forma de actuar, no hay que juzgarlo.

Cada persona es responsable de sus acciones.
Cada uno es consciente y sabe determinar.
En lo que no se debe estar de acuerdo
es en que, con su actuar, lleguen a lastimar.

¿Qué es el bien
y que es el mal?
Eso no se puede determinar,
ya que algunos su mal actuar pueden justificar.

Algunos aparentan ser fríos
para no ser lastimados,
otros aparentan ser buenos,
y tienen el alma y el corazón manchados.

Mediocridad

La vida está hecha
para quien se atreva vivir.
Si se buscan excusas como limitaciones,
nunca de la ignorancia se podrá salir.

No debe condicionarse el progreso,
no se debe decir no como limitación.
Mientras nos ponemos obstáculos,
los demás nos miran como perdedores.

No se come arroz con huevo por pobreza.
Un gusto es muy diferente a la condición.
Algunos comen caviar y chuletas
y viven encerrados por mala decisión.

Si no encajas en el lugar donde vives,
no digas que eso te toco vivir.
Si pusiste los intereses en otras cosas,
la conformación ganó al no saber elegir.

La mediocridad es la gran barrera
para quien su mala decisión quiera justificar.
Lo importante queda en último plano
y con lo poco que se consigue se llega a conformar.

Como la ruleta

La suerte es loca
y a cualquiera le toca.
Es una situación muy peculiar
que nos llama la atención y nos pone a pensar

¿Será que es como la ruleta,
que, al girar, la oportunidad a cualquiera le toca?
¿O será el destino marcado
a quien le llega y está destinado?

Cuando es para ti, aunque te quites;
y, cuando no, aunque te pongas,
¿Será como dice el refrán
o son cosas que se suponen?

Se sabe de situaciones
que a muchos han sorprendido,
de personas que, sin buscar nada,
mucho han conseguido.

No tiene que ver con riqueza,
tampoco con pobreza:
son cosas que vienen de la vida
y caen por sorpresa.

No sufras la felicidad de otros

Si no quieres vivir la vida a plenitud,
no lo hagas y respeta de los demás su actitud.
El hecho de que no quieras hacerlo, no te da derecho a criticar.
Vive tu vida tranquila y en completa paz.

Comentarios fuera de lugar
a personas que simplemente de la vida quieren disfrutar,
vivir, actuar o ser diferentes,
para nada a otros debe molestar.

Las críticas negativas
en contra de los que tienen diferente actitud
no debe ser debatida
por hacer lo que no haces tú.

La vida es una pasarela
en donde solo se vale modelar u observar.
Si no te gusta la vida que otros llevan,
tranquilamente te debes aguantar.

Nadie viene a este mundo acondicionado
para que otros vivan felices
Cada quien tiene una vida aparte
y elige cómo la quiere vivir,
y eso a ti no debe amargarte.

Solo era una bonita canción

Frases hechas y bonitas,
palabras dulces y encantadoras.
de esas que hacen creer,
que ablandan al alma y la enamoran.

Personas que se dedican
a otros con sus palabras a cautivar,
sacando melodías de sus bocas
y, de los hechos, nada que se compare con lo que llegan hablar.

Cada palabra que se dice
debe ser tomada con seriedad.
Decir una cosa y hacer otra
demuestra lo que eres en verdad.

Las palabras no tienen peso
cuando las acciones demuestran lo contrario.
Los hechos hablan por sí solos,
y, para creer, solo basta observarlos.

Para creer en las personas
debe existir primero la confianza.
No darle cabida a todo
sin antes ver cómo con sus acciones avanza.

Sin cambiar el rumbo

La falta de valores
está afectando a la actual generación.
Es cierto que los tiempos cambian,
pero no debe verse afectada la transformación.

Es cierto que estamos en una nueva era
de tecnologías e inventos novedosos,
mas la esencia del ser humano,
debe seguir siendo lo más hermoso.

Nuestra capacidad de pensar
no debemos limitar.
Nuestro cerebro es un universo en expansión,
y nuestra actitud debe ser cada vez mejor.

Valores cívicos, éticos y morales,
nunca deben desaparecer.
En toda sociedad en que se desee progreso,
deben ellos prevalecer.

La familia es la encargada
de los valores inculcar.
La escuela los fortalece
y la sociedad los llega a practicar.

Luz en la tiniebla

La educación es un derecho
de todos, sin excepción.
En ella no debe haber discriminación,
ni división de las personas por su condición.

Calidad educativa
merece nuestra niñez y juventud.
No debe existir pública y privada
y hacer ver a la misma como si fuera un club.

Los gobiernos y empresarios,
en la mejora de la educación deben trabajar.
¿Será que no les conviene
para a las personas poder explotar?

Todo estudiante merece tener un buen futuro
y encaminar al país por un lugar seguro.
La educación es la mejor manera,
ya que es la única arma capaz de romper barreras.

Un país de desigualdades
en donde los estudiantes no tienen las mismas oportunidades.

Desde mi ser

Familia es donde nos sentimos protegidos, amados y felices;
donde se comparten penas y alegrías,
que motivan a salir adelante,
y se afrontan los problemas, con coraje y valentía.

Desinteresadamente todo lo comparten.
El bien o mal de uno también es de los demás.
Se apoyan venciendo los obstáculos
y no sienten entre sí envidia ni maldad.

Aunque la sangre se convierta en agua,
o la misma se empiece a debilitar,
aunque se pierda el apellido
en el árbol genealógico se es familia por consanguineidad.

La familia es la célula básica de la sociedad.
Está constituida por consanguineidad,
adopción o afinidad.
No importa cómo esté compuesta, lo importante es la unidad.

En carne propia

Lo que para unos es importante,
para otros es insignificante.
Cada quien le da importancia a lo que ama.
Empatía y respeto siempre por delante.

No mirar ni tratar a nadie con desprecio,
darle a cada persona su lugar,
nadie está por encima de otros,
para las personas cada uno de los suyos es especial.

Si se hiere y lastima a otros,
para quien lo hace, esa persona no tiene valor.
Cuando se es todo lo contrario y se está en la misma situación,
es allí cuando se sabe que duele y que alguien más sintió ese dolor.

A nadie se le debe menospreciar,
mirarlo por debajo ni humillar,
pues, de la misma manera que trates,
te han de tratar.

Mi peor versión

Ser buenos no es sinónimo de ser idiota.
Allí está plasmada otra gran verdad,
se tienen buenos sentimientos,
que es una gran virtud y cualidad,
que es muy diferente de ser tontos, y de no tener capacidad.

La bondad es un gran valor del ser humano
que todos deberíamos tener.
Lastimosamente, hay personas
que con esa virtud no llegan a nacer.

También existe la gente mala,
que llega a este mundo a hacer el mal,
para nivelar la situación,
porque, lo que uno pierde, otro lo llega a ganar.

Se actúa con algunos con maldad.
En ocasiones, el comportamiento es una forma de hacer pagar
a aquellas personas que se la pasan haciendo mal
creyendo que el bueno mal no puede actuar.

Tareas de todos

Hay hombres que son dependientes de la mujer.
Nada en el hogar saben hacer.
Algunos solo trabajar y comer,
y, de los oficios, nada qué ver.

Algunos por flojos,
otros por machistas,
por dependientes
y por egoístas.
Todo hombre debe saber hacer lo esencial:
lavar, trapear, limpiar, fregar y cocinar,
si solo quiere vivir o estar,
pues ningún tipo de trabajo debe pasar.

El trabajo en el hogar no es cosa fácil.
Por tal razón deben ser compartidos.
Quien con los quehaceres no coopera,
es porque con los mismos no ha podido.

Un hombre dependiente para una mujer
es motivo de frustración.
Es triste llegar a ver
que de su parte no hay cooperación.

Reversa

Rectificar o pedir perdón
es manifestación de sabiduría.
Dar el primer paso
no es cuestión de perder el orgullo ni de valentía.
Es que se ha pensado bien la situación
con detenimiento y sangre fría.

Todo error se trata de corregir.
Hay que aprender a aceptar cuando nos equivocamos.
Acercarse y pedir disculpas
debe ser propio de todo ser humano.

Si creemos que no somos culpables
de haber creado una situación
y, al sentirnos acusados,
simplemente con respeto, pedir una explicación.

Los errores se cometen diariamente
al hablar y actuar.
Solo se debe rectificar y retomar,
pedir disculpas si se ha de necesitar.

Mal social

Hoy día, hasta con la edad,
se llega a discriminar.
¿Qué tiene que ver un número
con la esencia y capacidad?
Es la sociedad quien ha creado este gran mal.

Por la edad se quiere condicionar
las funciones y actividades
que las personas deben realizar,
ignorando que cada quien sabe hasta dónde puede dar.

Porque ya pasa de cierta edad
viejo está para poder trabajar y disfrutar.
¿Qué pasará cuando los que lo dicen
se vean en el mismo lugar?

La importancia de la edad
ha vuelto algo ilógica la situación
para que a una persona de edad madura se le llame vieja.
Piensan los jóvenes que la juventud es algo eterno.
Verán que el tiempo transcurre para todos sin excepción.

La edad hace que la vida de las personas
se haga cada vez más interesante.
Para ello es lógico que el tiempo pase,
y no para que las mismas lleguen a estancarse.

La vejez no existe y no se debe discriminar,
solo la llegan a causar un cuerpo y una mente cansada.
Un número no determina
que ya se es viejo y que no se sirve para nada.

Con su cara fresca

No es lo mismo padre que papá.
Padre es quien engendra
y la vida te da.
Papá es quien del hijo llega a procurar.

Se engendra por muchas razones,
y así la vida de un ser se llega a formar.
Mas no son todos los hombres
que asumen esa responsabilidad.

Un padre es aquel que sabe que tiene a los hijos,
mas, en su maldad, se hace el desentendido.
Un papá es aquel que, aunque no haya engendrado,
se encarga de un niño haciéndolo sentir protegido y amado.

Se le llama padre
a aquel que dio la vida.
Y es papá
aquel que su responsabilidad sabe afrontar.

Papá se le llama
a todo padre que de su rol se ocupa.
Así o más claro
para esos a quienes los hijos no les preocupan.

Suspiros que salen del alma

¿Quién no ha llorado por una canción de amor?
¿Quién no ha llorado por un imposible?
¿Quién, con melancolía, no ha recordado
los momentos buenos con que la vida lo han marcado?

¿Quién no se ha enamorado
y a quién no han desilusionado?
¿Quién, en un grito desesperado,
toda su frustración no ha sacado?

¿Quién no se ha caído
y a la vez levantado?
¿Quién, con persistencia,
mucho ha logrado?

¿Quién no se ha acostado
sin el sueño poder conciliar,
por tener preocupaciones
o pensar que ha hecho mal?

¿Quién no sueña despierto?
¿Y quién otra vida no se ha imaginado?
¿Quién de su realidad
muchas veces no ha renegado?

¿Quién, con amargura,
no ha dicho haber odiado?
¿Y quién, con toda el alma,
no ha dicho haber amado?

El gorrero

Se le dice gorrero
a quien, a costillas de otros, se sabe beneficiar,
y es más común el término
en aquellos que se unen a un clan, cuando salen a tomar.

Por lo general, nunca tienen dinero
para, de los amigos, poderse aprovechar.
Son los primeros en unirse al grupo,
y, de todos, son quienes toman más.
Dicen tranquilamente estoy limpio,
y la ronda no puedo mandar.

Un gorrero es un vivaracho,
que a costillas de otros se llega a emborrachar,
y, aunque le digan gorrero,
eso a él no le llega a importar.
Lo importante es su vicio, no pagar,
pues sabe que gorreando cada vez que quiera
con cualquiera se puede ir a tomar.

Recíproco

Se quiere recibir lo mismo que se da.
Es por tal razón que algunos se llegan a decepcionar,
pues esperan que se muestre el mismo interés,
y al recibir menos o nada,
la importancia de seguir dando ya no la ven.

Toda relación debe ser equitativa.
Si das amor, igual lo quieres recibir.
Si das respeto,
de igual forma debe ir.

No se da todo para nada recibir.
En la amistad, debe ser compartida la lealtad,
y, en el amor, de la misma forma que te amen,
igual debes amar.

En el hogar todo se debe dividir,
de igual manera todos deben recibir.
Todas las relaciones funcionan por igualdad.
De lo que te dan, entrega la misma cantidad.

De lo que das, espera la retribución.
De lo que ofreces, quieres recibir la misma atención.

En dos bandos

Alacrán ponzoñoso,
así es visto un traidor.
Pica sin que lleguemos a darnos cuenta,
solo se siente el dolor.

Las armas que se le dan,
con esas mismas sabe jugar.
Cada movimiento que hace,
con seguridad es a ganar.

Valiéndose de la amistad o confianza,
ahí está presentada su influencia.
Para dar el golpe o estocada
sin el mínimo remordimiento de conciencia.

Un traidor no sabe de lealtad,
mucho menos conoce el valor de una amistad.
Tal es la razón por la que en nadie se debe confiar,
porque no sabemos quién el puñal nos quiere clavar.

Un traidor es una persona
que actúa por conveniencia.
Él mismo no es confiable.
Para quien trabaje, traiciona con frecuencia.

Consecuencias

Una mentira es una vil bajeza
que se dice para algo conseguir
sin importar que se lastimen sentimientos,
y, con la misma, mucho se llega a destruir.

No hay mentiras piadosas.
Mentira es mentira y no es otra cosa.
Sin importar las consecuencias que las mismas puedan traer,
Mentira es cómo se quiera ver.

Algunas alimentan o matan ilusiones,
otras se usan para disfrazar traiciones,
ignorando que las personas engañadas
puedan con eso tener muchas reacciones.

Lo peor es el mentiroso
que llega a un momento en el que no sabe diferenciar
lo que es una mentira
y lo que es una verdad.

Las mentiras solo las usan los cobardes
que temen enfrentar la realidad.
Piensan que engañando
a nadie pueden lastimar.

Poema para un extraño

Pedacito de mi alma,
siéntate a mi lado y vamos a conversar.
Sé que sientes tristeza
y con alguien deseas hablar.

Pedacito de mi alma,
dime si por alguna razón sufres.
Recuerda que en el mundo no estás solo,
siempre habrá quien por ti se preocupe.

Pedacito de mi alma,
te ofrezco mis hombros por si te quieres apoyar,
por si deseas un amigo
con quien tus penas puedas desahogar.

No tomes decisiones apresuradas
que se lleguen a lamentar;
hay acciones tan cobardes
que impiden los problemas enfrentar.

Pedacito de mi alma,
aunque no te llegue a conocer,
eres tú mi prójimo,
a quien al igual que yo debo querer.

Atados a un sistema

¿Por qué culpar a los educadores
de la mala calidad de la educación?
Responsables son los gobiernos
que a la misma no le prestan atención.

El docente ofrece calidad
invirtiendo de sus propios recursos.
Si todos contribuyeran,
la misma tomaría otro curso.

La calidad educativa
Es responsabilidad del Estado.
La educación tradicional
el sistema ha atrasado.

La educación no va acorde
con lo que en la actualidad vivimos.
El no invertir en ella corresponde
a seguir en el mismo hilo.

Darle un gran giro a la educación
se estaría hablando de progreso,
ya que se rescatarían los valores,
y ayudaría al país a aumentar sus ingresos.

Calidad educativa
es un plan que se debe ejecutar.
El docente es solo un colaborador
que con poco llega a trabajar.

Máscaras

La hipocresía no debería existir.
Se deben decir las cosas claras y de frente. Así de simple y sencillamente.
Si te gusto, bien, y más nada qué decir,
si no, también, y dejémoslo así.

No tragar veneno
ni fingir aceptación y amabilidad.
No a todos nuestra forma de ser gustará.
Lo mejor es no complacer gusto ajeno.

Se siente reventar la hiel
cuando a una persona por decir no la tragamos,
pero no somos capaces
de decirlo de frente y simplemente callamos.

Mejor fingimos todo
y así la vida nos será más fácil.
Ir aceptando lo que no nos guste
y así vivimos en diferentes fases.

Tener una cara
y ante la vida presentar diez
para no decir de frente
lo que no nos importa y nos debe valer.

La hipocresía no debería existir,
mas para muchos es una forma de subsistir.
Con la misma se reciben beneficios y no se queda mal,
para eso se llega a fingir.

Colores del alma

La risa es la mejor terapia.
Alegra la vida y relaja el alma.
La misma es reflejo de que hay alegría,
de que puede haber tranquilidad y también calma.

Reír hace olvidar los problemas por un momento
y sentir un poco de desconexión.
Es un buen relajamiento
de vez en cuando un poco de buen humor.

Con chistes o situaciones de la vida,
gozamos un poco de la gente y a su costilla.
Siempre y cuando no sea de manera de burla,
es sano reír un poco hasta sonrojar las mejillas.

La mayoría de las conversaciones,
ya sea en fiestas o en reuniones,
quedan convertidas en carcajadas,
haciendo de la misma la mejor velada.

Siempre hay alguien así en el trabajo

Cada quien que se gane el salario
trabajando como debe ser;
no a costillas de otros
que sí trabajan para sus necesidades satisfacer.

Siempre hay alguien que se cree el vivo,
tirándole su responsabilidad a quien cree pendejo,
ganando un salario igual
sin querer mover ni siquiera un dedo.

El salario que gana no es compartido,
debería ser consciente y querer repartirlo,
ya que, si a otros les tira su responsabilidad,
con el dinero que gana debería ser igual.

A esas personas no se les llama flojos.
Por su ineptitud, son parásitos laborales
que sienten que no tienen la capacidad
del puesto que ocupan poder desempeñar.

Realizar cualquier trabajo es difícil
cuando el mismo se realiza con esmero.
Cuando se carga a un parásito laboral,
se dobla el trabajo pero no el dinero.

No se gana nada haciéndose el bueno
ni el más profesional,
quien tenga un puesto
que lo sepa bien desempeñar.

Lo excéntrico

¿Cuál es tu color favorito
tu música, comida o el país a visitar?
Son gustos comunes
que casi todos tenemos por igual.

Hay gustos muy diferentes
que no deben, para nada, alarmar.
A unos les gusta el agua del río,
a otros les gusta el agua del mar.

A algunos les gusta lo extravagante,
a otros lo sencillo y peculiar.
También los gustos raros
llegan a otros a encantar.

Lo oscuro es atractivo
lo claro es cautivador;
lo brillante, atrevido;
y lo desconocido; aterrador.

Lo raro, lo particular,
los gustos extremos que llegan a cautivar.
Los gustos excéntricos nos dicen
que ningún gusto para todos es igual.

Todo es cuestión de gustos,
de atracción y confortación.
A quien no le gusta lo que me gusta,
no significa que lo que le gusta sea lo mejor.

Intereses creados

La justicia está acondicionada
al estatus económico o social.
A intereses personales
o a la condición racial.

Así la perciben
los encargados de impartirla.
Si no eres del círculo o tienes palanca, no pienses en recibirla.
No te atrevas a denunciar.
Tampoco un juicio justo llegues a esperar.

La dama que representa la justicia
lleva los ojos vendados mostrando que la misma es imparcial.
Mas los encargados de impartirla dan a entender que está ciega de verdad.
La balanza representa equilibrio e igualdad,
pero solo se inclina al círculo de la alta clase social.

La espada dice que la justicia castigará con severidad a los culpables,
pero solo al hijo de la cocinera, al que no tiene dinero, posición o igualdad.
Es allí donde todo el peso encima caerá,
ya que los encargados de la ley aplicar
lo hacen para su propio beneficio, propiciando la desigualdad.
Más que justa, el nombre de injusta debería adoptar.

El mensaje que la dama de la justicia transmite
con muchas evidencias y seguridad se ha perdido,
ya que de igualdad y equidad no existe nada.
Se maneja a voluntad, a capricho o a favorecer a los elegidos.

Si se cometen delitos menores,
se paga cárcel de por vida.
Si en circunstancias «legales» se roban millones,
no habrá penas ni sanciones.

Avaricia

Avaro es quien tiene mucho
y aún quiere más.
Es quien no comparte y tampoco quiere gastar,
prefiere mejor perder y guardar.

Son seres mezquinos y egoístas,
que solo son felices cuando van a sumar.
Si alguien les habla de restar,
se hacen los que no pueden escuchar.

Ese tipo de personas
prefieren guardar para no gastar,
ya que lo único que les importa
es su riqueza aumentar.

Prefieren ver el dinero perdido
antes de usarlo o verlo compartido.
Algunos se dan una vida de lujos
y otros siguen pobres por ser tan duros.

Con lo material, llegan a atarse.
Muchos prefieren con hambre acostarse
y otros por querer tener más
llegan a atarse.

Intencional

El *bullying* es una forma de agredir
y de causar muchas afecciones.
Hay formas tan fuertes de molestar
y eso trae descarga de muchas emociones.

Personas que reaccionan
de maneras diferentes
cometen malas acciones,
y, de ese actuar, más tarde se arrepienten.

No sabemos las cargas emocionales
que lleva encima cada persona,
y al hacerle *bullying*
no ha de extrañarse como reacciona.

Nos preguntamos qué ha pasado.
¿Por qué actuó así?
Mas no olvidemos que el *bullying*
los sentimientos llega a herir.

El *bullying* es una forma muy cruel de tratar.
Física y emocionalmente se llega a lastimar,
y los daños causados por el actuar
llegan a la conducta física y psicológica afectar.

Se debe vacilar
de una manera que la persona no se llegue a molestar,
ya que, entre los adultos,
también la situación se llega a dar.

El día a día

El día a día de muchas personas
se vuelve cada vez más preocupante.
Con el desempleo, ha crecido la actividad,
y no es tan fácil ganar un real como antes.

Las calles se encuentran abarrotadas
de personas que buscan el sustento a casa llevar.
Con situaciones o las inclemencias del tiempo,
nada los hace parar.

Saben que es la única manera
de los gastos poder enfrentar.
Y, aunque la vida cada vez es más dura,
la triste realidad no se puede ignorar.

En casa, esperan por el pan
y para otros gastos sufragar.
Es muy dura la realidad
para quienes se dedican a esta actividad.

Es triste ver a estas personas
tratando de ganarse la vida.
Con las ventas informales tratan de subsistir,
no se halla otra salida.

Apoyar al comercio informal
es la manera de ayudar a un hogar,
pues hay familias esperando
a que algo a casa pueda llegar.

Veneno mortal

Serpiente venenosa
es la lengua viperina
que daña con su veneno
e igual contamina.

Venenoso es el chisme
que destroza y empaña la imagen.
Cuando pica la serpiente,
el veneno permite que te acaben.

La lengua sí que tiene veneno
y es un arma mortal.
Con calumnia e injuria,
llega a matar.

Dicen que es bueno saber
que se es tema de conversación.
Quiere decir que se es importante
y que muchos nos prestan atención.

Mas es peligrosa esa atención
cuando nos inventan una vida.
Nos enteramos de cosas y nos asombramos
de haberlas hecho dormida.

Los cuernos de un ángel

Buena persona yo era.
Mala persona me volví
por la forma en que me trataron
y se aprovecharon de mí.

Era muy buen ser humano,
con sentimientos puros de verdad,
los cuales todos cambiaron,
cuando se aprovecharon de todo lo que podía dar.

Las personas solo nos usan
a su voluntad y conveniencia,
haciendo que nos volvamos fríos e indiferentes
y que actuemos sin remordimiento de conciencia.

Me volví un ser frío,
sin importarme los sentimientos de los demás,
con todo lo bueno que di
solo me llegaron a usar.

Sentimientos congelados,
corazón convertido en piedra.
Ahora no importa quién llegue,
se envenenará con tan solo tocar esta hiedra.

Mala persona no era,
así me convirtieron.
Por querer aprovecharse,
las alas me quitaron y los cuernos me pusieron.

Los ecos del viento

Una mujer maltratada
es una mujer que sufre y llora callada.
Con mucho miedo y temor,
esconde su profundo dolor.

Sus lágrimas son amargas
y sus puños cerrados de impotencia.
Con tristeza finge lo sufrido,
pues solo en su llorar pide clemencia.

Sus sollozos reprimidos
se los lleva el viento.
Sus frustrados intentos de salvación
nadie los escucha y se quedan adentro.

No hay manera de proteger
a una mujer maltratada.
Un agresor es tan dependiente
que para abusar siempre busca una entrada.

Gritos internos claman piedad.
Sumisa y temerosa se sabe comportar.
En su actitud, sabe demostrar
de qué quiere defenderse y a la vez escapar.

Encontrar salida y sentirse segura
solo es una situación donde se baja la guardia,
pues, mientras busca su vida rehacer,
su agresor se ha puesto a la vanguardia.

Los buenos vecinos

Se escucha por ahí
en algunas personas su preocupación.
La falta de convivencia de la gente,
de la chusma del montón.

Tal vez no se han dado cuenta
que a muchas personas les gusta la tranquilidad.
Disfrutar en su hogar del silencio
y de la paz.

Al escuchar música,
lo hacen sin consideración.
Le dan con todo el volumen,
con todo el bajo, con toda la presión.

Como si alrededor los vecinos
les pidieran escuchar.
Con su sordera e inconsciencia,
lo único que hacen es molestar.

Su falta de empatía no los hace mirar
que, entre sus vecinos, alguien enfermo puede estar.
Tal vez abrumado por los problemas
o por el estrés laboral.

Es el hogar el santuario,
el lugar sagrado al que urge llegar.
Y no es justo que los buenos vecinos
con sus impertinencias causen incomodidad.

Instinto natural

El ser humano está lleno de maldad.
Está en la línea entre el bien y el mal.
Algunos esa línea llegan a cruzar,
y otros en ella permanecen neutrales.

Al cruzar la línea no se tienen limitaciones,
ni se piensa en las consecuencias.
Simplemente, se actúa con voluntad,
dejando a un lado el miedo y la conciencia.

El arrepentimiento no es el freno
para lo malo dejar de hacer,
pues todo ser humano ni bueno ni malo es.

La maldad no se detendrá
puesto que hay demonios que llegan a este mundo a hacer el mal.
Causando caos, angustia y desesperación,
arruinando vidas y causando dolor.

El mal está dentro de cada uno.
El cruzar la línea no es obligación de ninguno,
se hace porque es una decisión.
Tanto el bien como el mal están en nuestro interior.

Si yo hubiera

Aprovechar cada momento,
expresar las emociones,
no estar enojados por tanto tiempo,
amar profundamente, sin poner condiciones.

Cuando el ser querido se nos va,
nos llenamos más de culpa que de dolor.
Según hayamos sido en nuestro actuar,
el dolor pega más fuerte de lo normal.

Nos llegan a la mente los recuerdos
y entramos en negación.
Queremos devolver el tiempo
para hacer todo mejor.

Una vez el ser amado se nos va,
no hay manera de echar para atrás.
Nos mentalizamos en que somos eternos,
y en la conveniencia el afecto no sabemos mostrar.

Cuando no sentimos culpas ni remordimientos,
porque en vida todo les hemos ofrecido,
llevamos a cuestas el dolor,
sanamos tranquilos,
jamás se da el olvido.

La culpa es el peor enemigo
para el duelo pasar.
Se atormenta la vida pensando
en lo que pudimos hacer y en lo que llegamos a fallar.

Sin control

Cada cabeza es un mundo,
pero no en todas hay vida inteligente.
Pensamientos e ideas diferentes
de allí llegan a salir.

Enemistades surgen
por diferentes formas de pensar,
por personas que no pueden aceptar
que somos diferentes, no física sino mentalmente.

No todos pensamos igual,
ya que, si así fuera, el mundo diferente sería,
viviríamos en un paraíso
o peor de lo que es hoy día.

No esperes a nadie
dándote en todo la razón.
No busques enemistades
por no aceptar tu opinión.

Nadie es perfecto.
Todos cometemos errores,
nos movemos libremente,
no por cuerdas ni controles.

Incertidumbre

Al terminar un año,
nos gana la melancolía
por lo que dejamos
y lo que causó tristeza y alegría.

Un año se va
y los momentos vividos no volverán.
Recuerdos de buenos y malos momentos
solo nos quedarán.

Experiencias vividas
solo quedan en recuerdos
y, con el pasar del tiempo,
algunos se conservan y otros se van perdiendo.

Cuando el nuevo año comienza,
todo es incertidumbre,
pues no sabemos qué nos espera
y si un futuro vislumbre.

Algunos celebran como bienvenida,
otros se van más a la reflexión.
El comienzo de un nuevo año
no siempre significa continuación.

Pedimos vida y salud
para los retos del nuevo año enfrentar.
Sabemos que lo iniciamos,
pero no si lo vamos a terminar.

Celebramos la vida
y también la muerte,
solo nos queda la esperanza
de tener bendición y suerte.

Golpes de adentro

Qué tonto es discriminar
por un defecto o color de piel,
si en cuenta se ha de tomar
que solo sea para hacer el bien.

A la persona negra se le llama por su color de piel.
Si es ciego, así lo han de denominar.
Si le falta una extremidad, mocho lo han de llamar.
Al igual que calvo al poco agraciado capilar.

Usan adjetivos o razas
para denominar a las personas
según la condición que presente,
sin importar cómo se reacciona.

Discriminar con apodos o diferencias físicas
causa molestia e indignación.
No es necesario sustituir un nombre,
para llamar la atención.

A conciencia

Nadie corrompe a nadie,
así se escucha decir,
ya que cada quien es consciente de sus acciones
y en eso nadie puede influir.

Pertenecer a un grupo o verse bajo presión,
desde allí empiezan las indecisiones,
porque sentirse aceptado,
prácticamente, obliga a hacer lo indeseado.

Hay quienes se llegan a corromper,
ya sea por conveniencia o una falsa amistad,
por seguir al grupo
o no tener en sus visiones claridad.

Hay personas que saben cómo llegar a influir.
Otras que sus debilidades dejan fluir.
Es allí donde se saca provecho,
para, con manipulaciones, saber cómo incluir.

Influye la presión del grupo
y la debilidad mental.
Mas nadie puede controlar
cómo actuar y pensar.

Influye la ignorancia
y el poder convencional,
inducen a hacer ciertas actividades,
aun sabiendo que están mal.

Nadie tiene dominio de las voluntades,
ni se puede controlar cómo pensar.
Quienes a otros se unen para hacer el mal
lo hacen conscientes de su actuar.

Pasatiempo favorito

No me gusta el chisme pero me entretiene.
Saber la vida de los demás
solo por saber o por curiosidad,
no porque me llegue a importar.

No me gusta pero me entretiene,
y toda la información recopilar,
aunque no haga ningún uso de ella,
así solo sea para chismosear.

No me gusta pero me entretiene
estar informado de lo que no debe importar para difundir,
aunque solo sea con lo que se vea o escuche,
se dice libremente sin el temor de en un error incurrir.

El chisme es la difusión
de la vida y obra de los demás.
Con verdades o mentiras,
se llega a bien o mal hablar.

Las reuniones de ocasiones
son mucho más interesantes,
cuando los temas son hablar de la vida de otros
y de los participantes.

El chisme no pertenece a ninguna clase social.
A todos les gusta por igual,
sin importar de quién se ha de hablar
o si con el chisme se llegue a perjudicar.

Vuelo con cadenas

Como marionetas nos han de tratar,
ya todo nos quieren controlar.
Solo somos libres en nuestra forma de pensar,
mas allí dentro todo se debe quedar,
ya que la misma no podemos
en su totalidad expresar.

Sentirnos con libertad
y a la vez ser controlados
da una sensación de vivir encerrados.
Es como estar en una jaula,
con un espacio limitado.

Nuestras vidas se ven como una obra de teatro,
todo aprendido y actuado a base de libretos,
controlando cómo se ha de actuar
y los pasos que hemos de dar.

Triste realidad la que vivimos
al nuestras voces callar.
Nos creemos libres cuales ave al aire,
y estamos más controlados de lo que podemos pensar.

A una libertad condicionada
nos dejamos someter.
Como marionetas vivimos
sin que mucho podamos hacer,
y con poca o mucha cuerda
nos tenemos que mover.

Claroscuros

Sensato es decidir
lo que es bueno y bien para ti.
Insensato es coaccionar
para que se haga la voluntad.

Sensato es trabajar
por el bien de los demás.
Insensato es usar el poder
para que la voluntad se llegue hacer.

Sensato es pensar y analizar
antes de llegar hablar.
Insensato es hablar
sin pensar ni analizar.

Insensato es creer
que todas las personas tienen limitaciones al pensar,
que, dentro del círculo o la sociedad,
todos piensan y actúan por igual.

Sensato es con un deber cumplir,
consciente de que el mismo será para bien.
Insensato es obligar
y de los daños que cause no quererse responsabilizar.

Sensato es pensar en uno y en los demás,
haciendo lo mejor posible para no perjudicar.
Insensato es solo obtener beneficios
sin importar los daños que se lleguen a causar.

Sensato es usar términos y palabras,
con respeto, para ser comprendidos.
Insensato es dirigirse a los demás
desconectando de la realidad.

Albedrío

No permitas que otros decidan por ti
y te digan lo que debes hacer.
Una persona madura es responsable de sus acciones
y ante ellas sabrá responder.

No se debe aceptar imposiciones
ni hacer las cosas según de otros el parecer.
La vida privada de los demás se debe respetar,
aunque sea con equivocaciones lo que decida se debe aceptar.

Al tomar decisiones sobre la vida,
personas ajenas no deben opinar,
ni siquiera un consejo dar,
ya que el mismo en nada va a ayudar,
pues, si sirvieran de algo, gratis no lo iban a dar.
Tal vez un familiar o alguien muy querido pueda orientar,
mas las decisiones, sean buenas o malas, las debes tomar.

No debe haber limitaciones
porque otros tus decisiones no quieran aceptar,
ya que no sabes si, por la imposición de alguien,
lo que quieres se vaya a escapar.
Las consecuencias que se llegan a tener son propias,
y de allí tampoco se tiene derecho a criticar.

Sensor

La belleza física es una estrella fugaz
que muy rápido pasa y poco se puede apreciar.
La interna es duradera,
pero, con acciones que la apagan, tampoco se queda.

Todo en la vida es relativo.
Poco común, pero sí muy peculiar.
Vemos positivo más negativo,
y el resultado es muy singular.

Personas hermosas por dentro y por fuera,
personas feas de igual manera.
Cautiva la belleza y el encanto,
mata la arrogancia, la vanidad y el mal trato.

No siempre las personas físicamente hermosas
son vanas y vacías.
Su belleza interna las hace resplandecer,
demostrando que la misma no determina la forma de ser.

Dicen que las personas feas
tienen un gran corazón.
Todo es relativo porque hay algunos
que física e internamente lo son.

Personas físicamente feas
y por dentro son un diamante.
Su brillo trasciende el alma,
haciéndolas hermosas e impresionantes.

Queda demostrado que la belleza física
debe ir acompañada de la interior.
Para que la misma sea eterna,
ambas deben ir parejas sin variación.

Etiquetas

Etiquetan por la forma de ser,
sin tomar en cuenta opiniones ni el parecer.
Se hace por simple gusto o percepción.
Se resalta lo peor y lodo tiran a lo mejor.

Etiquetan por la forma de vestir,
por el comportamiento o apariencia.
Nos limitamos a etiquetar sin conocer,
y en ausencia de los ojos está la verdadera forma de ser.

Si es callada, es por creída.
Recatada, linda, risueña y alegre,
como mujer fácil, así la tienen.
Todo es por percepción y no porque esa vida lleve.

Si le gusta el vino,
lo que opinan mejor ni lo digo,
y si con alcohol la sed quiere calmar,
de borracho y parrandero no lo han de bajar.

Si es callado y observador,
piensan que es bobo y pendejo,
que ignora lo qué pasa a su alrededor,
aunque lo que se diga de él esté lejos de su interior.

Observamos y etiquetamos,
y nuestra opinión sin conocer la damos.
Destruimos y enterramos
solo con lo que vemos o pensamos.

Horrible sensación

Cuando se está haciendo lo que se cree incorrecto,
se siente que el mundo gira a nuestro alrededor,
que todos nos miran y saben lo que hacemos,
y nos llegamos a sentir de lo peor.

Se desea que la tierra nos trague,
y sentimos todas las miradas acusadoras.
Hasta sordos quedamos cuando nos llegan hablar,
y con los nervios ponemos a los demás a sospechar.

La conciencia nos empieza hablar,
y los movimientos ajenos nos hacen desesperar.
Creemos que hemos sido por todos descubiertos,
queremos abandonar todo y salir corriendo.

Los movimientos de los demás
peor nos llegan a dejar.
Es como si los planetas se alinearan,
y de nuestra mala acción todos se enteraran.

Qué mala sensación
de sentirnos delatados.
Tierra trágame,
o será más fácil el irnos por el excusado.

Los nervios nos llegan a delatar,
y la mente empieza a imaginar.
En ocasiones, terminamos por evidenciarnos:
hacer lo incorrecto no es fácil
y más difícil es a ello acostumbrarnos.

Cosas de la vida

Las situaciones llegan aunque no se busquen,
y siempre nos preguntamos el porqué.
Será el recorrido de la vida misma
o es que así tienen que suceder.

Nos preguntamos por qué suceden
situaciones que se llegan a dar.
De alguna manera ocurren,
sin poder hacer nada para la misma evitar.

De la vida somos presos,
controlados por los golpes que nos han de caer.
Si nos quitamos o ponemos,
cuando toca, toca sin poder nada hacer.

Las situaciones llegan aunque se eviten.
Cuando han de llegar, nadie las puede parar.
Nos preguntamos, si pudiéramos evitarlas,
qué habría de pasar,
pues todo llega a su tiempo,
nada se atrasa ni se ha de adelantar.

El tiempo es perfecto,
exacto y justo juez.
De él somos esclavos,
nada llega antes ni después.

Las situaciones llegan y no hay una explicación.
En ocasiones, son situaciones de la vida para darnos una lección.
Otras, porque es el destino marcado,
vivir tiene un precio y tenemos que, sin saber, pagarlo.

Y en fin

En fin de la hipocresía,
es el pan nuestro de cada día;
Cara pintada de bondad,
y palabras bellas, muy bellas, llenas de maldad.

En fin de la falsedad,
es el vestido de gala que se lleva a todo lugar.

En fin de la mentira;
es la melodía que sale de la boca y que con la misma se destruye vidas,

En fin de la propagación;
es repetir lo que se escucha sin saber si se tiene o no razón,

En fin del descaro,
es vivir la vida a como nos dé la gana, y juzgar a los demás teniendo
una cola larga,

En fin del cinismo,
es apoyar a otros, sabiendo que igual destruyen a uno mismo,

En fin del sin vergüenza,
vive a como le conviene, y sigue con su cara fresca, sin importar
mostrar decencia.

Desde el hogar

Yo a mis padres nunca les hablé de tú,
siempre de usted los traté
Hoy día los niños y jóvenes no tienen reparación
y el tratar a todos por igual denota la falta de respeto y educación.

Niños y niñas de igual forma pueden jugar.
Todos los jóvenes, bien se pueden llevar.
Mas, a los adultos y ancianos,
con mucho respeto hay que tratar.

Hoy día la falta de conciencia y de respeto hacia los demás
afecta la armonía y la paz social.

Los niños van creciendo con la mentalidad
de que los adultos son iguales a ellos,
y de igual forma los llegan a tratar,
como si juntos jugaran a las canicas y a las cuerdas saltar.

Los niños y jóvenes en la actualidad
no muestran afecto ni respeto hacia los demás.
A los mayores tutean con normalidad,
pues, si en el hogar no se les enseña, para ellos no hay respeto que mostrar.

¿En qué generación todo cambió?
¿Lo que antes imperaba, como desapareció?
El respeto y la conveniencia eran lo más hermoso,
donde niños y jóvenes eran educados y respetuosos.

No vale más el dinero

Un trabajo no define a la persona,
el mismo es solo un estado actual.
No tiene que ver con la personalidad,
y menos con lo que vale y lo real.

Un trabajo es un desempeño
que se realiza para una mejor calidad de vida tener,
para sufragar gastos
y no para alguien en esta vida ser.

Toda persona, de una forma u otra, trabaja,
pues conseguir el dinero no es cosa fácil como creemos pensar.
También tiempo, estrategia y empeño hay que dedicar,
ya que el dinero no crece en los árboles y la manera como se consigue
también es una forma diferente de sumar.

El responsable trabajador,
el chulo y el ladrón,
el traficante y el vendedor,
nadie, aunque sea de manera diferente,
puede salir adelante sin ayuda del factor.

Trabajo formal o informal,
trabajo es trabajo, aunque mucho o poco se llegue a ganar,
aunque de manera fácil o dura se llegue a realizar.
La condición laboral varía
pero con este, o sin él,
a nadie mal se le debe mirar.

Se mira a cada quien como es,
y no por una posición laboral.
Nadie vale por el dinero que llegue a generar,
ya que todo en la vida es de manera temporal.

Desobediencia, principio y consecuencias

Si no llevas a Dios en el corazón,
cualquier situación te causará temor.
Creerás en las palabras del hombre,
y, sin dudas, les prestarás atención.

Si crees que Dios existe,
de él no puedes dudar.
Creer en el hombre firmemente
o poner a Dios en el primer lugar.

Dios es el principio y el fin,
ama al pecador y aborrece el pecado,
mas quien en él cree
no tiene por qué dudarlo.

Creer en las palabras del hombre
te convierte en pecador,
pues santo solo hay uno,
y es Dios Nuestro Señor.

Dios nos dio inteligencia
y nos dejó al libre albedrío.
Lo que él permite que pase es por la desobediencia,
y he de pagar todas las consecuencias.

Los errores se cometen
cuando en el hombre se cree.
No se le puede servir a Dios y al Diablo
y quedar con ambos bien.

Personas que llevan a Dios en la boca,
mas no en el corazón.
Sus acciones lo demuestran,
su fanatismo no les permite ver las cosas como son.

Dios hizo diferente al hombre
en pensar y analizar,
y no perdona que de su gran amor
se llegue a dudar.

Valor de ex

Hombre, respétate y respeta a tu mujer.
Ningún hombre vale tanto
para que, después de ser esposa, aún quieras estar con él.

Un hijo no es atadura,
y menos lo es un papel,
y peor nos vemos de amantes,
cuando antes fuimos mujer.

La palabra ex se respeta.
Al carajo los hombres presumidos,
que juegan el papel de galanes,
porque las mujeres mucho les hemos permitido.

Mujer, ponle un alto a tu exmarido,
y más si se fue con otra estando contigo.
No es tu culpa que sea un insatisfecho,
y más cuando de tus virtudes sigue sacando provecho.

Ponle un freno a ese engreído,
y para firme como ex,
para que reciba su merecido
y no siga jugando con ninguna mujer.

A ciegas

Cuando se conoce a una persona,
atrae su personalidad y forma de ser,
mas eso no dice nada,
ya que muchos muestran y presentan lo que no es.

Poco a poco nos vamos conociendo,
sacando lo bueno, lo malo y lo peor.
Algunos se alejan decepcionados
y otros continúan sin temor.

Algunas mujeres se adaptan,
y viven la realidad de sus maridos,
dejando a un lado sus vidas y gustos,
para así tenerlos complacidos.

Lo mismo suele suceder
cuando un hombre conoce a una mujer.
Atrae primeramente lo físico,
y después cómo se ha de desenvolver.

El conocer a una persona e iniciar una relación
no es para nada fácil, implica mucho de los dos,
se hace sabiendo que se toman riesgos,
ya que dos extraños son.

Caída libre

Para gustos extraños
nadie ha de opinar:
que a cada quien le guste lo que le ha de gustar,
y si son sus gustos, a nadie le he de importar.

La vida es rara y compleja en todos los sentidos.
Nadie tiene los mismos gustos, causas o motivos.
Cada quien elige lo que le ha de gustar,
pues los gustos son libres, como el querer y el amar.

Algunos se sienten atraídos
por lo que muchos llegan a rechazar.
Y otros aman y desean
lo que a otros no les llega a gustar.

Los gustos son gustos
A los cuales los ojos no tienen que mirar.
Cada uno se apasiona
con lo que le hace sentir bien y le ha de gustar.

Paranoia

Es triste ver que, en una relación,
la falta de confianza mate al interés y al amor.
Por simples especulaciones,
se hieren los sentimientos y enfrían las emociones.

Las sospechas que nos creamos
llegan a atormentar,
porque sin preguntar mal pensamos,
creyendo ver el mal en los demás.

Si una situación genera dudas,
en la mente paranoica se ha de crear,
y con lo que se piense o supongamos,
se llega a la pareja a insultar.

Que los problemas de confianza
no afecten la relación.
No porque en la mente nos creemos historias
quiere decir que se tenga la razón.

¿Qué te consta?
¿Qué es lo que crees?
No significa que así
tiene que ser.

Valiente

Una mujer independiente
en una relación busca paz,
pues si trae conflictos, angustias y preocupaciones,
de allí se llega alejar.

Una mujer independiente
está bien dirigida.
Nunca va de bajada ni de caída.
Sus proyectos muy claros están en su mente.

Una relación para ella
va en gran escala y de subida,
mas no permite que controlen su vida.

Su independencia y seguridad
hacen que resalte su cualidad.
Su inteligencia y hermosura
la hacen caminar firme y segura.

Una mujer independiente
no se sienta a nada de nadie esperar.
Lo que se propone con coraje lo llega a lograr.
Tiene sus metas fijas y una relación no la llega a frenar.
Si la misma va mal, más fuerza a de tomar.

La ignorancia es atrevida

Osada e impetuosa,
con falta de tacto, atrevida e insensata;
no tiene la menor coherencia,
circula desnuda, sin malicia ni clemencia.

Hay que tener prudencia
y firmeza mental,
ya que la ignorancia es tan necia
que circula de lo más normal.

Llega a decir y hacer lo absurdo,
basada en sus hechos de verdad,
todo, aunque sea locura,
lo afirma con plena seguridad.

Lo incomprensible y exagerado,
lo descabellado e inesperado,
hacen que nos lleguemos asombrar
de cómo con la inteligencia quiere jugar.

No es letrada ni ilustrada,
no es encaminada ni bien dirigida.
Está llena de mentiras y falsedad.
Se cree hábil y, como vive engañada,
quiere a otros engañar.

Qué risa me das

Qué lindas son algunas amigas:
tiran indirecta de lo peor,
causa risa lo que nos dicen
en una conversación.

Qué lindas son las amigas.
Cuando les contamos todo sobre nuestras vidas,
lo tiran todo en cara
cuando llega la pelea o existe la envidia.

Las amigas verdaderas
se consideran como hermanas,
y las amigas falsas
son aquellas que tienen la lengua larga.

El código de la verdadera amistad
es de las amigas mal no hablar.
Mas, de oveja, el lobo se llega a disfrazar.
Así es la amiga en quien se llega a confiar.

Hay amigas buenas,
pero chismosas de verdad.
De todo hablan
porque no pueden sus lenguas aguantar.

Ja, ja,ja, las amigas
que tiran las directas.
Si se consideran amigas de verdad,
ayudarían mucho siendo discretas.

Ya en nadie se puede confiar,
ni siquiera con las que se dicen amigas se puede hablar.
En un momento determinado, todo en cara lo llegan a sacar,
o esperan el momento para todo contar.

Los del gobierno

Trabajador público,
colaborador del Estado,
igual brinda sus servicios
como cualquier empleado.

Se dice de los funcionarios públicos
que se desempeñan en alguna institución,
algunos brindan una atención pésima
porque desconocen cómo brindar una buena atención;

muchos no sienten respeto,
regañando y tirando groserías,
sin tener tacto al hablar
y con falta de empatía.

La situación desconocen cuando el ciudadano
va en busca de atención.
A muchos, por no tener seguro,
no les brindan la colaboración.

Como si, en vez de trabajar, hicieran un favor.
No son conscientes de que devengan un salario.
Algunos ven la realidad
cuando están en riesgo o pierden el trabajo.

Sin temores

Las situaciones hay que dejarlas claras
y bien definidas
para así evitar quedarnos con las dudas y las intrigas.

Si no estamos conformes,
es mejor ir y aclarar la situación,
mas no quedar tranquilos
Con la difamación.

Todo se debe aclarar
y no para dar una satisfacción,
sino para poner un alto a las intrigas
de quienes nuestras vidas viven mejor.

Se perderán las amistades
que informan de lo sucedido,
mas es mejor mantenerlos lejos
y así vivir tranquilos en un mundo perdido.

El vivir aislados en la sociedad
permite a calumnias no escuchar.
Estar presentes pero desconectados de la realidad
nos genera paz y tranquilidad.

País del yo

En el país del yo
viven los políticos,
en donde solo piensan en sí mismos
y no son para nada analíticos.

El país de las oportunidades
es solo para los políticos y sus familiares.
Si de las campañas has de participar,
puede que en algún puesto te lleguen a colocar.

En el país del yo,
solo se piensa en la rebusca.
Los proyectos y leyes son aprobadas
si de allí se sacan una buena tajada.

No interesa trabajar para el pueblo,
ya que eso no genera ganancias.
Se trabaja para quien ofrezca buen billete
y para quien le permita generar al gabinete.

En el país del yo,
primero se pregunta qué hay pa' mí,:
y, si no hay rebusca ni ganancia,
mejor es al caso no prestarle importancia.

La clase política abusadora
que solo trabaja para su propio beneficio,
y que no toma en cuenta
las necesidades ni los prejuicios.

Sin amor, no hay vida

Enamórate de mí
y no te arrepentirás.
Te devolveré las ilusiones
y las ganas de amar.

Como te enamoras de la brisa
cuando la sientes soplar
y del mar cuando a la orilla
termina por llegar.

Así como de la luna
cuando las noches oscuras llega a iluminar
y de las estrellas cuando en la oscuridad las vemos brillar.

Enamórate de mí
como se ama a un bebé recién nacido,
así como amamos sus sonrisas
y de sus ojos el brillo.

Enamórate de mí,
como te has enamorado del amor,
como con el corazón roto,
escuchas esa hermosa canción.

Enamórate de mí
porque yo soy la vida.
Verás que no te arrepentirás
porque vivir la vida sin amor no es vida.

Cazador cazado

Al amor, no se le puede forzar.
Si tiene que llegar, llega.
Igual si tiene que irse, se irá.
Y si contigo no quieren estar, aunque duela, tienes que soltar.

No se vale perseguir,
tampoco acosar,
porque, si se insiste en forzarlo,
más nos vamos a obsesionar,
y será tanto el tormento
que un daño se puede llegar a causar.

Cuando una relación termina
porque te dicen que se acabó el amor,
más ridículo te ves
haciendo todo para llamar su atención.

Una mujer decidida a dejar
nadie ni nada la hará regresar.
Si te quedas solo esperando a que se arrepienta,
perderás el tiempo y la oportunidad de que te vuelvan a amar.

No digas que le serás infiel
si lo quieres intentar con otra mujer.
Si te dejó claro que por ti no siente nada,
es estúpido que te pongas por ella camisa y sotana,
ya que le importará muy poco lo que digas o hagas.
Si te dejó y abandonó, es lógico que la relación terminó.

Paloma blanca

La paz es un estado emocional
del que todos queremos gozar.
No hay nada más valioso
que ser respetado y respetar.

Todo aquel que tiene paz,
aunque tenga carencias, vive tranquilo.
Las preocupaciones agobian
solo cuando la paz hemos perdido.

Cuando existen las guerras,
la delincuencia y la maldad,
se pierde toda calma y toda tranquilidad,
pues hay acciones que con ella, llegan acabar.

Por situaciones de la vida,
por la paz derrumbamos muros buscando salidas.
Muchos dejan en esa acción la vida,
pues vale mucho la pena tener una vida tranquila.

Por la sangre nos hemos de amar.
Nadie merece vivir sin paz.
La angustia y el miedo, a quien la pierda,
llegan atormentar.

La hora de comer

La familia actual
se encuentra desintegrada o dividida.
La mesa ya no se comparte
a la hora de la comida.

La casa se ha vuelto un restaurante
en donde para comer se pregunta la hora y el menú.
La unidad de los miembros no es como antes,
todo adentro es un revulú.

Antes se hacía una sola comida,
la que todos compartían.
Hoy, antes de comer,
se pregunta para saber.

Antes no se preguntaba
y se comía lo que había:
Era una hora fija
en la que todos comían.

Mamá es esclava de la cocina,
varias veces debe preparar y fregar.
A los hijos hoy día se les acostumbra
a que no hay una hora fija, para a la mesa, irse a sentar.

A mi madre

quien me ha dejado por siempre sin su amor.

No tuvimos tiempo de despedirnos
cuando estar a tu lado era mi mayor anhelo.
La tristeza ha roto y embargado mi corazón
y hoy sufro y lloro sin consuelo.

La noticia de tu partida
es lo que más me atormenta.
Tal vez verte y tocarte por última vez
haría más llevadera mi dolencia.

Mis labios guardan el tibio calor
del último beso que te di.
De haber sabido que era la despedida,
jamás los hubiera separado de ti.

Sin tu presencia, solo el dolor me acompaña.
Siento que sin ti ya no podré seguir.
Eras la razón de mi vida
y de mi corazón el latir.

Te quiero y te amaré por siempre,
aunque mi corazón tu ausencia haya partido.
En mis sueños te veré con frecuencia,
aunque sé que vivir sin ti ya no tendrá sentido.

Baño de pueblo

El salir de tu zona de confort
para darte un baño de pueblo.
Es toda una odisea vivir la situación,
tratar de sobrevivir es la única opción.

El uso de los servicios públicos
es una verdadera calamidad;
se debe estar mentalizado
a que lo peor pueda pasar.

Al esperar un autobús,
te dice el pavo: Entra, que está vacío».
Al subirte, te das cuenta
de que acomodarte es todo un lío.

Entren que caben cien.
Siempre hay espacio para uno más.
Con el sudor y olor de otros,
te llegas a impregnar.

Qué digo de la música y la velocidad.
Más que autobús, es una discoteca andante.
Al chofer, le vale que no te guste.
Y, si reclamas, te dice que puedes bajarte.

Lo peor es cuando servicios médicos vas a buscar.
De eso mejor ni hablar.
Desde conseguir la cita, hasta la atención.
Es un milagro salir satisfecho de la institución.

Es estar perdidos en la selva
o meterse en el mismo infierno,
así es cuando te das un baño de pueblo.

Darse un baño de pueblo no es fácil;
es la mayor burla que un rico a un pobre le puede hacer.
Aprovecharse de sus necesidades
para él beneficios tener.

En reconocimiento a mi sobrino Jorge

Así como cuida de su vida,
cuida la de los demás.
Es fundamental para la salud
y para la sociedad.

Acompañado de la luz blanca,
en equipo trabajan por igual.
La salud de la población
para ellos es lo esencial.

Se le llama médico o doctor.
Es uno solo, una sola profesión.
Sana como el gran maestro,
quien lo dejó en la tierra en su representación.

Los hay de diferentes especialidades:
para mantener a las enfermedades bajo control
muy a menudo son solicitados,
son la esperanza de muchos para sentirse mejor.

Trabajar dejando el alma
para la vida de los demás salvar.
Algunos lloran desconsolados
cuando esa acción no pueden lograr.

Hacer turnos rotativos
para salvaguardar la salud y vida de la población
en espera de hechos ocurridos,
para brindar con todo su atención,
sin importar la raza, posición social o religión.

Falso perjuicio

Para el amor no hay edad.
¿Serán frases hechas o será verdad?
Lo cierto es que, cuando dos personas se atraen,
nadie tiene derecho a criticar.

Los perjuicios de la sociedad
y, en muchas ocasiones, la familia,
son los primeros en señalar,
impidiendo entre la pareja la felicidad.

Con causas y razones,
que no se pueden sustentar;
suben muros como barreras,
para que la duda con el amor pueda acabar.

Cuando a una mujer madura
le atrae un hombre joven,
las críticas son tan duras
que la llenan de temores.

Al hombre maduro lo llaman viejo verde,
y a la mujer roba cuna.
¿Los gustos se acondicionan a la edad
o es que la atracción simplemente se da?
Sea cual sea la razón, para criticar no hay razón alguna.

OTROS LIBROS DE POESÍA DE LA EDITORIAL

Realidades (Carolina Salazar)

Tsonkiri, «lo que vuela más alto» (Danitza Garrido Crosby)

Mors Certa (Diego A.Ríos Derteano)

De anécdotas y casualidades (Juan Gutiérrez)

QBE DI AMORE (Elle Berriak)

Nueva vida (Diego Garrido)

El eco de las palabras (José Angelino Leal)

Metamorfosis (Miguel Ángel Sánchez Marín)

Hubimos (Gustavo Arturo Velásquez Vásquez)

www.ingramcontent.com/pod-product-compliance
Lightning Source LLC
LaVergne TN
LVHW041208150826
845673LV00001B/329

* 9 7 8 9 8 0 4 3 6 0 4 5 9 *